내가 시작한 미래

내가 시작한 미래
즐거운 상상을 현실로 바꾸는 사람들 이야기

초판 1쇄 펴낸 날 2017년 11월 29일
2쇄 펴낸 날 2018년 7월 16일
3쇄 펴낸 날 2019년 4월 3일

기획 모심과살림연구소
지은이 하만조, 김이경, 김현
펴낸곳 도서출판 한살림
펴낸이 윤형근
책임편집 장순철
편집 이정은
디자인 그린다

출판신고 2008년 5월 2일 제2015-000090호
주소 (우 06732) 서울특별시 서초구 서운로 19, 4층
전화 02-6931-3612
팩스 0505-055-1986
누리집 www.salimstory.net
이메일 story@hansalim.or.kr

ⓒ 도서출판한살림 2019

ISBN 979-11-957826-5-9 03190

* 이 책 내용의 일부 또는 전부를 재사용하려면
  반드시 저작권자와 도서출판 한살림 양측의 동의를 받아야 합니다.
* 이 책은 재생종이로 만들었습니다.
* 잘못된 책은 구입하신 곳에서 바꾸어드립니다.
* 책값은 뒤표지에 있습니다.

이 도서의 국립중앙도서관 출판예정도서목록(CIP)은 서지정보유통지원시스템 홈페이지
(http://seoji.nl.go.kr)와 국가자료공동목록시스템(http://www.nl.go.kr/kolisnet)에서
이용하실 수 있습니다. (CIP제어번호: CIP2017033108)

내가 시작한 미래

즐거운 상상을 현실로 바꾸는 사람들 이야기

소란 – 전환마을 은평
이경란 – 공동육아와공동체교육
나준식·김성훈 – 민들레
안병일 – 마을에너지연구소
송인창 – 해피브릿지
이지선 – 메이커교육실천
정경섭 – 동물의집
김신범 – 노동환경건강연구소
이진순 – 와글
전희경 – 살림

모심과살림연구소 기획
하만조·김이경·김현 지음

한살림

추천의 글

혐오와 적대의 시대에
공동체를 실천하는 즐거움

　영화 〈블레이드 러너 2049〉 개봉 소식을 접하자마자 이십여 년 전 국내에 적잖은 마니아층을 낳았던 〈블레이드 러너〉(1982)를 다시 봤다. 영화는 당시 먼 미래였던 2019년 로스엔젤레스를 배경으로 펼쳐진다. 식민지 행성의 노동력으로 사용하기 위해 만들어진 리플리컨트(replicant, 복제인간)는 인간과 동일한 외모와 사고능력을 갖췄지만 수명은 4년으로 한정되어 있다. 죽음에 임박한 리플리컨트는 반란을 일으키고 제조사를 찾아가 수명 연장을 요구하지만, 결국 빗속에서 눈물을 떨구고 쓸쓸한 죽음을 맞는다.

　죽음의 시간이 정해져 있다는 사실이 리플리컨트에게 극도의 고통을 안겼다면, 2017년 한국사회에서 살아가는 수많은 사람들은 오히려 죽음의 시간이 불확정적이라는 점 때문에 괴로워한다. 노인들이 가진 돈만 다 쓰고 바로 죽게 해달라 기도할 때, 고독사 기사를 읽은 청년들이 안락사를 허용하자는 댓글을 달 때, 그들은 죽음 그 자체보다는 죽음을 둘러싼 상황에 대한, 더 정확히는 삶에 대한 공포를 내비친다. 한창 젊은 사람들조차 연금과 보험 상품을 기웃거리느라 분주한 세상이 되었다. 그렇게 해서라도 누군가에게 병든 몸을 의탁해야 한다는 두려움으로부터, 돌봄서비스를 구매할 여력이 있어야 한다는 강박으로부터 벗어날 수 있다면 다행일지 모른다. 고용 없는 성장 속에서 안정된 일자리 없이 살아가는 다수에게는 이마저도 특권으로 보이기 때문이다.

하지만 통장 잔고에 신경을 쏟는 대신 내가 속한 마을과 사회를 다르게 상상한다면 어떤 미래가 펼쳐질까? 비혼 여성이 마을사람들과 텃밭에서 상추를 키우고, 그 상추가 식단에 오르는 동네 식당에서 식구(食口)를 만나고, 이들과 돌봄을 주고받으면서 유연한 형태의 가족을 만들어간다면? 치매를 앓는 노인이 중증 환자로 격리되기보다 의료협동조합에서 오랫동안 치매를 학습해온 주민들로부터 집단적인 보살핌을 받는다면? 그리고 마을돌봄만으로 해결될 수 없는 제도적 문제들에 대해 주민들이 간편하게 중지(中智)를 모으고 정부에 책임을 요구하는 플랫폼이 열려있다면?

이 책은 이러한 풍경을 즐겁게 상상하는 데 그치지 않고 직접 행동에 나선 10인의 인터뷰를 담았다. 『내가 시작한 미래』라는 제목에서 보듯, 인터뷰에 참여한 인물들은 완결된 유토피아를 전제하기보다 과정으로서의 미래를 주체적으로 선언하고 있다. 노동 착취와 젠더 불평등, 지구 에너지 위기와 환경 파괴, 물질적·관계적 빈곤 등 현재 우리 사회가 직면한 만성적 위기가 자본주의의 구조적 폭력과 무관하지 않다는 점을 분명히 인식하지만, 그럼에도 이들은 지금 여기서 고민하고, 선언하고, 행동한다. 협동조합이나 공동육아, 적정기술이나 전환마을이 구조적·제도적 모순에 대응하는 최선의 해법이 아닐 수 있음을 알고 있지만, 그럼에도 지역에서, 조직에서 진지한 실험을 계속하고 있다.

독자들은 각자의 다양한 궤적을 10인이 참여해온 활동에 포개면서 즐거운 자극을 경험할 것이다. 이 책을 읽으면서 개인적으로 탄복했던 것은 공동체 실험에서 이들이 보여준 유연함이었다. 머물되 고여 있지 않은, 변하되 돌아보는 실천을 통해 생성되는 각자의 공동체는 이질적인 세대와 가족은 물론, 이주민과 선주민, 인간과 동물 사이의 빗장을 풀면서 사회적 연대를 모색하는 과정을 보여주고 있다. 도시에 대한 염증으로 치유공간을 택한 청년과 자본주의의 대안을 찾고 싶은 청년이 부딪혔을 때(1장), 지역에서 오랫동안 살아온 기혼 여성과 의료협동조합 때문에 이주를 택한 비혼 여성이 서로를 낯설어할 때(10장), 활동가들은 시간을 두고 기다리는 것이 적절한 환대를 위해 중요하다는 점을 깨달았다. 지역 상인들과 연대하여 대형마트 입점과 주차장 설립을 백지화한 '민중의 집' 경험에서 보듯(6장), 이 기다림은 방관이라기보다 적극적 실천의 소산이었다. 동일성의 구축에 몰두하는 대신 서로에게 각자의 장소를 찾아주기를 택한 결과, 공동체는 폐쇄성의 위험을 덜어내고 재밌고 궁금한 실험장이 되었다.

이러한 공동체는 그 느슨함 덕택에 외부의 다양한 행위자와 만날 수밖에 없다. 정부나 준정부기구와의 만남도 그중 하나인데, 이 만남은 활동가들에게 기회와 딜레마를 동시에 제공한다. 개발독재의 가시적 폭력이 난무하던 시절 현장의 민중들은 국가와 자본에 맞서 적대를 선언하거나, 농촌의 경우 그 대립에서 비껴나 자족적 공동체를 만들기도 했다. 하지만 이른바 '민주화' 이후 새로운 헤게모니 투쟁의 장으로 시민사회론이 등장하고, 사회운동이 하위주체(subaltern)로서의 민중이 아닌 다양한 계층의 '시민'을 주체로 소환한 지도 어언 삼십 년이 지났다. 더구나 1990년대 말 이후 일련의 경제위기를 경험하면서 시장지배의 부작용을 완화하는 기제로서 '사회'에 대한 관심이 증폭되었을 때, 정부와 시민단체, 풀뿌리 지역조직이 사회 문제를 해결하기 위해 '파트너십'을 구축하는 풍경은 점차 '투쟁'의 경관을 대체하기 시작했다. 시장의 논리로 환원될 수는 없으나 국가행정만으로는 포괄할 수 없다고 여겨지는 영역들에 대해 '사회적'이란 수식이 빈번히 등장했고, 최근 십 년에 걸쳐 사회적기업 육성법, 협동조합 기본법, 사회적경제 지원 조례 등 정부의 적극적 지원과 규율 시스템이 마련되면서 바야흐로 '협치(governance)'가 지배적 담론으로 급부상했다.*

이 책 일부에서 직간접적으로 드러나듯, 협치는 모든 참여자들이 행복의 나라로 진입하는 동화가 아니다. 지자체로부터의 지원금은 '활동'을 '사업'으로 변모시키고, 공동체의 가치를 시스템의 언어와 문법에 종속시키는 결과를 빚기도 한다. 공생과 자립은 삶의 유한성과 상호의존성에 대한 공통 인식과 감각을 토대로 하지만, 정부 지원은 삶의 지향을 '일자리'라는 경제적 자립으로 축소시키면서 공동체의 돌봄 문화에 대한 무지와 편견을 드러내곤 한다. '전환마을 은평'이 마을공

---

*이에 대한 보다 자세한 논의는 조문영·이승철, 「'사회'의 위기와 '사회적인 것'의 범람: 한국과 중국의 '사회건설' 프로젝트에 관한 소고」, 2017, 《경제와 사회》 113호 참조.

동체 사업 지원금을 받지 않기로 결정한 것도, 협동조합으로 운영되는 밥·풀·꽃 식당이 정부 등록 절차를 거부한 것도 이러한 딜레마와 무관하지 않다(1장). 소란이 강조했듯, "마을은 살림을 사는 일상적인 삶의 터전이지 경제성장을 이뤄야 하는 곳이 아니기" 때문이다. 타자에 대한 신뢰를 전제로 한 공동체는 타자에 대한 불신을 기초로 한 기관의 평가시스템과 충돌할 수밖에 없다. 필요한 것, 하고 싶은 것을 다 같이 즐겁게 할 수 있으려면 무엇보다 시간의 빈곤으로부터 해방되어야 하지만 지역의 젊은 활동가들은 곧잘 서류작업에 허덕인다.

하지만 거부와 결별이 공동체 '사업'의 딜레마를 해소하는 유일한 방법은 아니다. 정부가 탄압 일변도에서 벗어나 지원과 감독을 병행하는 시스템을 갖추게 된 것도 치열한 투쟁의 성과였음을 인정한다면, 이 책에 등장하는 인물들이 외부 지원을 어떻게 활용하고, 그 흐름을 어떻게 바꿔내고, 정부에 어떻게 새롭게 문제제기를 하는지 주의 깊게 살필 필요가 있다. 성미산의 공동육아운동은 출자금 마련의 어려움을 인정하면서 '공동육아국공립어린이집 모델'을 새로운 대안으로 삼았고, 과거 공동육아의 장점들이 위탁 형태에도 반영될 수 있도록 세심한 노력을 기울이고 있다(2장). 마포의 경제네트워크는 '사회적경제 네트워크'라는 관의 언어 대신 '공동체경제'라는 명명을 통해 시장 상인을 새로운 동반자로 초대했다(6장). 노동환경건강연구소는 발암물질 목록을 개정하라는 요구를 정부가 무시하자 직접 감시네트워크를 조직하고 국회에 목록을 공표하면서 결국엔 정부의 인정을 이끌어냈다(8장).

외부 지원과 적절한 관계를 맺기 위한 노력뿐 아니라 협동조합의 지속성을 위해 경영이라는 화두를 새롭게 끌어안는 방식도 주목할 만하다. 노동자협동조합으로 운영되는 회사는 해고가 없지만 경영을 망치면 회사 자체가 사라질 수 있다(5장). "경영이라는 단어가 자본가의 단어가 아닌 우리의 단어가 되도록", "가장 두려운 단어인 '경영'을 우리 것으로 익숙하게 만들도록" 노력하는 작업은(6장) 외면할 수 없는 과제다.

정부나 기업과 새로운 관계를 모색하면서 소중하다 생각하는 가치를 지켜내기 위해, 이 책의 인물들은 자신의 장소를 '성찰의 현장'으로 만들고, 외부의 경험을 부단히 참조하며 배우고 있다. 참조의 대상은 영국의 토트네스 전환마을이나(1장) 스페인 몬드라곤 협동조합처럼(5장) 나라 바깥의 현장일 수도, 서울 동작구 성대골마을처럼(4장) 국내의 현장일 수도 있다. 혹자는 자기 자신을 '성찰의 현장'으로 삼기도 한다. 오랫동안 진보정당운동을 하면서 중앙정치와 지역정치의 분리, 당과 당원의 분리를 고민했던 안병일(4장), 운동권의 정치권 진출에도 달라지지 않는 현실을 지켜보며 1980년대 민주화운동을 비판적으로 회고하는 이진순의 사례를(9장) 돌아볼 필요가 있다. 자신이 거쳐온 시대를 낯설게 바라보고 비판하는 힘은 현재 한국사회, 심지어 사회운동의 장에서도 만연한 세대 간 불화를 어떻게 극복해야 하는지에 대해 적잖은 교훈을 제공한다.

조잡한 추천사를 끝맺기 전에 '혁신(innovation)'의 의미를 짚고 싶다. 대안 공동체운동에 대해 가질 법한 통념과 달리, 이 책 일부에는 세간의 '혁신 담론'과 친연성을 갖는 주제나 대상이 제법 등장한다. 스타트업과 메이커 문화, 청년 인큐베이팅, 구글 문화 등 기술사회의 진화에 조응하여 기업 환경의 변화를 강조할 때 등장하는 언어들이 참조 대상이 된다는 점이 낯설게 느껴질 수도 있다.

홍세화 선생이 "촛불 이후 이 땅에 상륙한 것은 시민혁명이 아니라 4차 산업혁명이었다"라고 탄식했듯**, '4차 산업혁명'의 강풍을 타고 면전에 도달한 이 언어들은 낯설다 못해 의심쩍기까지 하다. 하지만 이 책의 인물들은 IT 세계의 '소셜(social)' 담론을 기업가 정신으로 환원시키기보다 공동체를 위한 상상의 지평을 넓히기 위해 변용한다는 점에서 어쩌면 '4차 산업혁명'의 지지자들보다 더 '혁신적'일 수 있다. 이지선이 메이커운동의 의의를 공유와 협업에서 찾고(7장), 해피브릿지가 비즈니스 담론을 차용해서 협동조합 의사결정 방식의 민주성을 제고하고(5장), 와글이 온라인 커뮤니케이션을 활용해 덜 위계적인 공론장을 만드는 데서(9장) 보듯, 새로운 기술은 인공지능 산업뿐 아니라 사회와 공동체를 새롭게 실험하고자 하는 집단에게도 기회일 수 있다.

올해 초 필자는 캐나다 토론토대학에서 〈'사회'의 위기와 '사회적인 것'의 범람〉이라는 주제로 강연한 바 있다. 사회적경제, 사회적기업, 협동조합 등 한국과 중국에서 급속히 확산되는 '사회적' 장치들이 '사회 위기'의 단순한 반영이 아니며 국가가 '위기'를 통치의 이슈로 재

** 홍세화, 〈기본소득 개헌 운동에 참여하자〉, 2017년 9월 21일, 한겨레신문.
*** 장석준, 〈복지 국가, 협동조합 없이는 불가능하다〉, 2014년 2월 27일, 프레시안.

편하면서 정치적 역량을 마모시키고 있음을 비판하자, 한 청중이 고개를 갸우뚱거리며 질문했다. "신자유주의 시장화와 사회 건설이 병존한다는 지적은 일리가 있습니다. 하지만 이 경우 한국 정치사에 큰 획을 그은 촛불집회는 어떻게 설명할 수 있나요? 광장을 가득 메운 시민들의 힘은 통치에 포섭되었다고 보기엔 너무나 크지 않았나요?" 수개월이 지난 지금도 필자는 그 질문을 여전히 되새김질하고 있다. 한국사회의 신자유주의 흐름이 제도와 정책은 물론 사회적 관계의 취약성(precarity)을 심화시켜 왔다면, 일상의 현장에서 공생의 의례를 수행하고, 그 의미를 때로 논쟁에 회부하고, 성찰과 혁신을 통해 가치를 확산시키는 작업의 중요성이 간과되어선 안 될 것이다. 장석준이 협동조합이나 민중의 집 운동의 의의를 강조하며 얘기했듯, "일상에서 새로운 삶을 훈련하지 않고서는 새로운 사회로 도약할 수 없기" 때문이다.***

10인이 시작한 미래를 담은 이 책이 다양한 독자들을 만날 수 있기를 바란다. 필자가 그랬듯, 독자들이 10인의 열정과 성찰, 행동으로부터 영감을 얻기를, 그리하여 혐오와 적대가 도처에 만연한 시대에 '사회'와 '공동체'를 공허한 잔존물에서 미래의 선언으로 새롭게 상상하고, 훈련하고, 실천하는 즐거움을 만끽하길 기대한다.

조문영 연세대학교 문화인류학과 교수

발간의 글

아직 오지 않았지만
이미 시작된 미래

　미래를 이야기하는 목소리가 여기저기서 들려옵니다. 얼마 전까지 뜨거운 화두였던, 지금도 여전히 식지 않은 4차 산업혁명 담론이 대표적입니다. 또한 각종 통계수치에서 볼 수 있듯이 저출산 고령화 경향은 당분간 지속될 것으로 보이며, 정체기에 접어든 경제상황도 다시 예전과 같은 성장기로 도약하기는 어려울 것 같습니다. 정치적으로도 대결적 양당체제에서 다양성의 다당제로 전환되고 있으며 촛불 이후 광장민주주의의 소통방식이 새롭게 떠오르고 있습니다. 지금 우리 사회는 급격한 경제성장 이후에 분명히 전환기를 맞이하고 있습니다. 그러나 아직은 앞으로 다가올 미래사회를 명확히 예측하기가 쉽지 않아 보입니다. 다만 우리의 미래사회는 모두가 함께 꿈꾸고 노력하는 과정에서 만들어지는 것이 아닐까 생각해봅니다.

　모심과살림연구소에서는 최근 사회 곳곳에서 일어나는 변화와 혁신의 현장에서 실천하는 분들을 만나 그들의 눈에 비친 우리 사회 모습과 각자가 생각하는 바람직한 미래상을 들어보았습니다. 전환마을, 돌봄, 적정기술, 협동조합, 메이커운동, 노동안전보건, 정치 등 다양한 영역의 활동가 및 연구자의 이야기 속에서 이미 시작되고 있는 변화와 미래사회의 희망을 조금이나마 엿볼 수 있었습니다. 여러 지면과 온라인상에 소개되어 대중들에게 잘 알려진 활동에서도, 깊이 있는 대담을 통해 기록되고 해석하는 과정에서 새로운 영감과 자극을 주는 내용을 무수히 발견할 수 있었습니다. 그중 일부를 엮어 한 권의 책으로 내놓습니다. 원래 이 인터뷰는 미래사회를 전망하고 그를 토대로 생활협동조합운동의 방향과 비전 수립에 참고하기 위해 진행되었지만, 새로운 미래를 향한 변화와 희망을 꿈꾸는 많은 독자들과 나눈다면 더욱 의미 있는 쓰임이 아닐까 생각되어 출판하게 되었습니다.

제목에서 볼 수 있듯이 이 책은 아직 오지는 않았지만 이미 시작되고 있는 미래를 다루고 있습니다. 우리 각자가 생각하는 '좋은 미래', '살고 싶은 사회'는 어떤 모습일까요? 돈보다 생명이 먼저인 안전한 사회, 이웃과 지역구성원들이 든든한 울타리가 되어주는 돌봄사회, 시민이 정치의 진짜 주인인 민주사회, 기술이 인간과 환경에 이롭게 쓰이는 건강사회, 도시에서도 생태적으로 어울려 살아갈 수 있는 공동체사회, 그 속에서 개개인의 개성과 자율성이 인정되고 존중받는 사회, 계산보다 관계의 중요함을 실천하는 따스한 경제사회…. 저마다 마음속에 그리는 미래상이 있겠지요. 이 책은 바로 우리가 꿈꾸는 미래를 현실로 만들어가고 있는 사람들의 이야기면서 동시에 지금 우리에게 필요한 지혜를 찾고 함께 실천할 수 있도록 북돋워주는 길잡이입니다.

그러나 좋은 미래, 살고 싶은 사회는 결코 저절로 오지 않으며 그 변화의 과정에는 여러 걸림돌이 존재합니다. 인터뷰에서도 드러나듯이 '돈벌이 경제', '국가의 상실', '위험한 사회'로 상징되는 불안한 언어들이 지금 우리 사회의 현실을 보여줍니다. 과거와 같은 고도성장이 불가능한 시대로 들어서면서 대다수의 살림살이는 갈수록 팍팍해지고 한편에서는 생태계 위기와 인간소외가 가속화되고 있습니다. 우리의 미래인 어린이들과 젊은이들의 생명이 어처구니없이 돈과 권력 앞에 내동댕이쳐진 세월호 참사와 가습기살균제 사건도 있었습니다. 우리의 안식처로서 사회시스템은 더 이상 작동되지 않았고, 국가에 대한 신뢰는 산산이 부서졌습니다. 이제 우리는 삶의 안식처를 우리 스스로 만들어야 한다는 숙제를 안게 되었고, 돈벌이 경제와 정치적 대리인, 일부 전문가 집단에게 우리 삶을 송두리째 내맡겨서는 안 된다는 목소리를 내며 사람들이 광장으로 모였습니다.

미래사회의 변화는 거대한 물결처럼 다가옵니다. 4차 산업혁명의 이름으로 인공지능과 빅데이터가 확산되면서 노동 중심의 사회에서 정보 중심의 사회로 세계사적 패러다임이 급속히 바뀌고 있습니다. 하지만 거대한 노동의 상실이 우리 인간에게 어떠한 영향을 줄지 아직 아무도 명확히 설명하지 못하고 있습니다. 한편 21세기에는 인구구조의 변화가 근본적으로 일어날 것입니다. 노동 중심 사회에서는 다산정책이 중요했지만 정보 중심 사회에서는 노동력의 필요가 줄고 장수사회로 급격히 재편될 것이라 예견됩니다. 고령화 저출산의 인구구조 변화에 따라 사회시스템이 근본적으로 바뀌어 갈 것이고, 모든 생활과 문화 역시 전면적인 변화를 요구받을 것입니다.

세계화 및 신자유주의의 몰락은 제조업과 무역의 한계를 보이면서 성장 없는 경제를 만들어내고 있습니다. 성장의 시대에서 성숙의 시대로 접어들고 있는 것입니다. 여러 곳에서 동시에 나타나고 있는 이런 거대한 변화의 흐름에 따라 그동안 풍미했던 중심 언어들도 바뀌고 있습니다. 소유와 집착, 경쟁과 양극화, 성공과 실패에서 인터뷰에서 강조한 감성과 공감, 공유와 만남, 가치와 정신, 나눔과 공동체로 가치의 중심이 움직이고 있기 때문입니다.

새로운 시대의 패러다임을 바탕으로 실천 모델을 만들어나가는 일이 어느 때보다 중요한 시기입니다. 아직은 미약하지만 새로운 미래를 위한 실천 현장을 우리 주변에서 찾아볼 수 있습니다. 돈벌이 경제가 아닌 살림살이 경제가 전환마을, 협동조합, 공동체경제네트워크의 모습으로 등장하고 있습니다. 그 안에서는 소수자와 1인 가구, 반려동물이 동등한 구성원으로 존중받고, 비화폐적 교환양식을 실험하면서 공정, 공생 등 비물질적 가치가 인정받습니다. 국가보다는 이웃들 간의 공동체 관계가 중요시되고, 조직보다는 개인의 자발성과 창조성이 더욱 존중받습니다. 전통적 가족구성 및 결혼 출산의 고정관념도 바뀌고 있습니다. 기존의 주어진 틀과 기준을 넘어 스스로 학습하고 이웃과 공유하는 가운데 재미난 실험과 멋진 경험이 충만한 커뮤니티 공간들이 새롭게 만들어지고 있습니다. 돌봄 또한 전통적인 가족돌봄에서 벗어나 공동체돌봄으로 변화하고 있습니다. 인간의 존엄성이 배제된 국가와 시장 중심의 돌봄 체계를 넘어서 지역사회 안에서 상호호혜의 돌봄망을 구축하려는 시도가 확산되고 있습니다.

2016년에서 2017년으로 넘어가는 겨울은 우리 사회를 한 단계 성숙시키는 시간이었습니다. 세계가 놀랐습니다. 아무런 폭력 없이 권력을 바꿨으며 이념투쟁보다는 광장문화로 정치적 이슈를 무대에 올려놓았기 때문입니다. 지난 촛불광장은 IT를 기반으로 한 직접참여 민주주의에 대한 새로운 시작을 보여주었습니다. 각종 온라인 플랫폼들이 정치와 시민 사이의 거리를 좁혔으며, 정치와 일상의 경계를 허물었습니다. 학자들은 남성적 통제의 정치에서 여성적 살림의 정치, 생활의 정치로 바꿔야 한다고 주장하고 있습니다. 이제는 정치도 '지키면 지킬수록 잃어버리고, 공개하고 공유할수록 더 많은 사람들이 참여한다'는 메시지에 주목해야 할 때입니다.

한편 학교도 변화하고 있습니다. 전통적인 주입식 교육은 의미를 잃고 있습니다. 한 세기 전 노동집약적인 시대에 근로자를 만들기 위해 정립된 교육시스템이 이제는 더 이상 젊은이들에게 받아들여지지 않고 있습니다. 그런 교육이 자신의 미래를 보장하지 않는다는 것을 잘 알고 있기 때문입니다. 새롭게 등장한 메이커운동이 교육현장과 우리 사회에 급속히 퍼져나갈 것입니다. 3D 프린터를 비롯한 다양한 제작기술의 발전은 개성있는 아마추어 시대를 열어가고 있습니다. 새로운 메이커운동은 제작과 나눔의 재미를 기반으로 한 새로운 커뮤니티 공동체를 만들고 있습니다. 함께 배우고 도우며 격려하는 가운데 나와 세상이 만나는 공유사회가 만들어지고 있는 것입니다. 앞으로 공유사회, 공유경제는 수많은 잠재력으로 미래사회의 희망이 될 것이며 새로운 삶의 공간으로 자리 잡을 것입니다. 미래사회는 자신만의 재미와 멋을 찾는 시대일 것입니다. 또한 다양한 공동체가 발전하면서 무지개 빛깔의 연결망이 미래세상을 열어갈 것입니다.

끝으로 귀한 이야기를 들려주신 인터뷰이들께 지면을 빌려 감사드립니다. 재차 소통과 확인에 응해주셨음에도 인터뷰 시점으로부터 다소 시일이 경과함에 따라 변화된 상황이 충분히 반영되지 못한 부분이 있다면 양해를 구합니다. 또한 이 책이 현장의 활동가들뿐 아니라 일반 대중 독자들에게 폭넓게 읽힐 수 있도록 직접 인터뷰하고 글을 완성해준 모심과살림연구소의 하만조, 김이경, 김현 연구원과 한살림 출판사의 노력에도 감사드립니다. 우리 사회에 새로운 상상과 실험이 곳곳으로 확산되는 데 이 책이 보탬이 되기를 바랍니다.

황도근 모심과살림연구소 이사장

차례

추천의 글 혐오와 적대의 시대에 공동체를 실천하는 즐거움　　　　4
발간의 글 아직 오지 않았지만 이미 시작된 미래　　　　12

1부 이런 마을에 살면 참 좋겠다

01 생태 공동체가 도시 한복판에 나타났다　　　　23
전환마을 은평 대표 소란에게 듣는
너와 나, 자연과 인간이 하나 되는 전환마을 이야기

02 엄마보다 마을이 아이를 잘 키운다　　　　53
공동육아와공동체교육 사무총장 이경란에게 듣는
함께하여 즐거운 공동육아 이야기

03 서로 돌보는 마을에 살아야 건강하다　　　　83
민들레 원장 나준식, 부이사장 김성훈에게 듣는
지역사회 돌봄공동체 구현하는 의료복지사회적협동조합 이야기

04 마을에 '기술' 들어갑니다!　　　　111
마을에너지연구소장 안병일에게 듣는
인간과 환경, 마을을 위한 쏠쏠한 적정기술 이야기

2부 잘 살고 싶다면 나누고 공유하라

05 협동하는 일터는 즐거운 삶터가 된다 141
HBM협동조합경영연구소장 송인창에게 듣는
가치와 사업 두 마리 토끼 잡는 노동자협동조합 이야기

06 우리가 만나면 멋진 일들이 벌어진다 165
동물의집 대표 정경섭에게 듣는
비자본주의적 지역공동체와 공동체경제 이야기

07 공개하고 나눌수록 더 커지고 강해진다 193
메이커교육실천 회장 이지선에게 듣는
공유와 협력의 메이커운동 이야기

3부 서로 손 맞잡아 만든 든든한 울타리

08 나만 홀로 안전한 세상은 없다 219
노동환경건강연구소 실장 김신범에게 듣는
건강한 노동, 안전한 환경 이야기

09 와글와글 군중의 힘으로 만들어가는 더 나은 민주주의 245
와글 이사장 이진순에게 듣는
시민이 주인 되어 세상을 바꾸는 정치 이야기

10 혼자라도, 여자라도 얼마든지 마음 편히 늙어갈 수 있다 269
살림 여성학 전문이사 전희경에게 듣는
차별 없이 평등한 여성주의 의료복지 공동체 이야기

더 깊이 알기 300
사진 제공 및 출처 303

1부

이런 마을에 살면 참 좋겠다

전환마을 은평 대표 소란에게 듣는
너와 나, 자연과 인간이 하나 되는 전환마을 이야기

공동육아와공동체교육 사무총장 이경란에게 듣는
함께하여 즐거운 공동육아 이야기

민들레 원장 나준식, 부이사장 김성훈에게 듣는
지역사회 돌봄공동체 구현하는 의료복지사회적협동조합 이야기

마을에너지연구소장 안병일에게 듣는
인간과 환경, 마을을 위한 쏠쏠한 적정기술 이야기

01

생태 공동체가 도시 한복판에 나타났다

**전환마을 은평 대표
소란에게 듣는**

너와 나, 자연과 인간이
하나 되는 전환마을 이야기

> 전환마을 만드는 건 어렵지 않아요.
> 전환마을이라고 '선언'하면 돼요.
> 누군가 시작하고 전환마을 비전에 동의하는
> 사람들을 모으는 거예요.
> 누구의 허가도 필요 없고 정해진 방식도 없어요.
> '내가 좋으니 너도 함께하자'고 손 내미는 겁니다.
> 전환마을운동은 따로 리더가 필요 없어요.
> 뭔가 해보고 싶은 게 있으면 그저 시작하면 돼요.
> 실패하면 또 다르게 시도하면 되는 거죠.

전환마을 은평

서울시 은평구는 원래부터 조금 특이한 곳이긴 했다. 서울이지만 서울 같지 않은 곳, 시민사회운동이 활발한 곳, 좋은 세상을 만들기 위한 갖가지 시도가 이뤄지는 곳이었다. 2014년 11월 은평에는 새로운 시도가 하나 더해졌다. 바로 한국 최초로 전환마을을 선언한 것. 전환마을은 환경 위기에 맞서 도시를 생태적 마을로 '전환'하기 위해 우리의 일상, 욕망, 인간관계까지 함께 '전환'하려는 공동체다.

'전환마을 은평'은 지난 3년 동안 부지런하게 걸어왔다. '갈현텃밭'을 생태적으로 디자인하고, 퍼머컬처학교, 잡초라도충분한풀학교 등을 열고 로컬푸드 마을식당 '밥·풀·꽃'을 개업하는 등 한국 전환마을운동의 맏언니 역할을 톡톡히 해내고 있다.

소란 _ 전환마을 은평 대표

1976년생. 본명은 유희정. 어디를 가나 사고를 쳐서 시끄럽게 만든다고 친구들이 그에게 '소란'이라는 이름을 지어주었다. 학생 때부터 공동체에 대해 막연히 꿈을 꾸었지만, 사회에 나가 일한 첫 직장은 재개발을 추진하는 대기업 건설회사였다. 적성에도 가치관에도 맞지 않아 관두고 퇴직금으로 여성운동을 시작했다. 그렇지만 여성운동가로 사는 일은 녹록지 않았고, 지쳐버린 자신을 발견한 소란은 여행을 떠났다. 영국 토트네스에서 운명처럼 전환마을을 만나 3년 가까이 전환마을 활동가로 살았고, 한국에 돌아와서는 서울시 은평구에서 주민들과 함께 전환마을을 만들고 있다.

텃밭농사를 짓고 자급자족 생활을 하는 소란은 함께 더불어 살아가는 마을살이의 즐거움을 한껏 누리며, 우리나라 제일의 전환마을(transition town), 퍼머컬처(permaculture) 전파자로서 전환의 씨앗들이 더 많이 퍼져나가도록 사람들과 마을들을 연결하는 일을 하고 있다.

가만히 앉아 비판하는 대신 선언하자, 전환마을!

전환마을이라는 말이 아직은 낯설어요. 소란은 언제 전환마을을 처음 접했나요?

소란 2009년 영국 여행 때, 토트네스라고 런던에서 차로 세 시간 정도 떨어져 있는 작은 도시에 가게 되었어요. 그 즈음에 『작은 것이 아름답다』를 읽고 있었는데, 그 책을 쓴 E. F. 슈마허를 기리며 설립한 생태학교인 슈마허 칼리지가 거기 있었거든요. 그런 학교가 있는 조용한 마을에서 한두 달 쉬면 좋겠다 싶어서 들른 거였어요.

큰 기대 없이 간 토트네스는 이상한 곳이었어요. 멀리 동양에서 온, 영어도 잘 못하는 저를 어찌나 반갑게 맞아주는지 마치 이방인에

전환마을 은평 대표 소란. 어디를 가나 사고를 쳐서 시끄럽게 만든다고
친구들이 지어준 이름, 소란. 그래서일까, 전환마을 은평은 항상 시끌벅적 소란스럽다.

대한 개념이 아예 없는 사람들이 사는 곳 같았죠. 또 마을사람들이 꾸려가는 생활 면면이 어쩌면 하나같이 자본주의 질서와 어긋나 있던지 놀라웠어요.

토트네스 전환마을에서는 어디서 누가 생산한 건지 모르는 다국적 기업의 대량생산 상품들을 소비하는 대신, 지역 내에서 생산되는 유기농산물과 지역 소상공인들이 생산하는 상품들로 자급자족하고 있었어요. 영국에서 제일 큰 유기농 채소농장이 있기도 했지만, 마을에서 놀고 있는 땅이면 어디든 텃밭으로 만들어 함께 땅을 일구는 공공텃밭 프로젝트나 가든 셰어(garden share)가 활발하게 진행되고 있어서 직접 텃밭농사를 짓는 주민들이 많았어요.

마을사람들이 함께 기르고 돌보는 유실수도 곳곳에 있었고, 토종 씨앗을 보존하는 모임이나 야생초 공부모임 등 갖가지 모임들이 꾸려

져 있었어요. 마을 게시판에는 모임과 전환마을운동에 대해 자세히 소개되어 있어 관심만 있으면 누구든 쉽게 참여할 수 있었고요.

전기, 가스, 수도 등을 절약할 수 있는 방법을 주민들이 함께 궁리하고, 풍력과 태양광 발전기를 설치해 재생가능 에너지로 생활하는 에너지자립 마을을 만들기 위한 노력도 계획적으로 진행되고 있었어요.

제가 간 건 토트네스가 전환마을을 선언한 지 3년이 되었을 때였는데요. 전환마을에 대해 전혀 모르고 간 거라 새로운 문명을 접한 것 같은 충격이었죠. 전환마을은 생태공동체운동의 새로운 흐름이라고 할 수 있어요. 어딘가에 새로 터를 잡아 독립된 생태마을을 계획적으로 건설하는 대신 기존의 마을을 생태적으로 '전환'시키자는 거예요.

듣는 것만으로도 아름다운 마을의 모습이 상상됩니다. 하지만 특별한 조건이 갖춰진 곳에서만 전환마을이 만들어질 수 있는 건 아닐까요? 토트네스도 유럽 68혁명을 겪은 세대들이 많아 진보적인 성향을 가진 마을이 되었다고 들었습니다. 옆집에 누가 사는지도 모르고 가족들끼리도 얼굴 보기 힘든 현대인들에게는 전환마을이 너무 동떨어진 이야기처럼 들리지 않을까요?

소란 전환마을운동은 우리와 별반 다르지 않은 평범한 사람들이 시작한 거예요. 다만 다른 점이라면 암울한 현실을 비통해하면서 가만히 앉아 비판만 한 것이 아니라 알게 된 것을 행동으로 옮긴 겁니다. 아일랜드 남부 킨세일에 사는 주민 십여 명이 그 주인공인데요. 이들은 석탄, 석유와 같은 화석연료의 과도한 사용으로 지구가 맞닥뜨린 기후변화와 피크오일 같은 문제들에 국가나 전문가가 해법을 내놓을 때까지 기다리지 않고 자신들이 먼저 무언가 하기로 했어요. 이들이 이런 생각을 한 건 퍼머컬처를 공부하면서였어요. 이들은 마을에 버려진 과수원 터를 공유지로 만들어 공동경작을 하고 에너지를 자급하는 계획을 세우며 자신의 마을을 전환마을이라고 부르기로 했어요. 그게 2005년 전환마을운동의 시작이었죠.

전환마을을 만드는 건 어렵지 않아요. 전환마을이라고 '선언'하면 돼요. 누군가 시작하고 전환마을 비전에 동의하는 사람들을 모으는 거예요. 적게는 두 명부터 시작하는 경우도 있어요. 책 읽기나 영화 보기 같은 작은 소모임을 통해 전환마을의 상을 공유하고 지금 당장 필요하다고 생각되는 작은 프로젝트부터 시작하는 거예요. 누구의 허가도 필요 없고 정해진 방식도 없어요. '내가 좋으니 너도 함께하자'는 이런 전략 덕분에 전환마을은 어떤 정해진 틀 없이 공기처럼 퍼져나갈 수 있었어요. 10여 년만에 전 세계 40여 개 나라, 4000여 개의 마을이 전환마을을 선언하며 21세기 가장 빠르게 성장하는 운동이 되었어요.

킨세일 주민들이 공부한 퍼머컬처가 무엇인지 궁금하네요. 전환마을을 태동시킨 이론이라고 할 수 있을 텐데요.

소란 네, 전환마을운동의 핵심 이론이죠. 퍼머컬처는 '영속적인 문화(permanent culture)' 혹은 '영속적인 농업(permanent agriculture)'의 축약어로, 1970년대 호주의 빌 몰리슨(Bill Mollison)과 데이비드 홈그렌(David Holmgren)이 공동 창안한 개념이에요. 퍼머컬처는 자연에서 발견되는 패턴과 관계를 모방해 의식주와 에너지를 지속가능하게 충족시킬 수 있도록 개인·가족·지역공동체를 디자인하는 방법이에요. 거창하거나 대단한 이론이 아니고요. 쉽게 말해 자연에서 지혜를 얻고 그것을 생활에 적용하는 기술이자 철학이에요.

우리가 먹는 빵을 예로 들어 설명해볼까요? 밀을 경작해 수확하고, 가공·포장의 과정을 거쳐 소비자에게 가는 동안 농약·화석연료·물·포장재 등이 대량으로 들어가고 온실가스·매연·폐수·쓰레기 등이 나오고 공장·정수장·발전소·운송차량 등의 시설도 필요하죠. 각 과정에서 자연 파괴적인 일들이 수두룩하게 벌어집니다.

하지만 퍼머컬처로 디자인된 곳에서는 모든 과정이 순환돼요. 분뇨를 사용하여 퇴비를 만들어 밭으로 돌려주고 빗물을 저장해서 농업용수나 생활용수로 씁니다. 또한 에너지도 자급할 수 있도록 풍력이나 태양열처럼 재생가능 에너지를 쓰고요. 먹거리는 지역에서 생산하고 소비되니 첨가물이나 방부제를 쓸 필요도, 과도한 포장을 할 필요도, 운송에 따른 비용을 지불할 필요도 없지요.

그렇다고 원시시대나 농경사회로 돌아가자는 건 아니에요. 단순하게 유기농 먹거리를 생산하는 데 국한된 것도 아니고요. 우리가 생산하고 소비하는 하나하나의 행위들이 서로 어떤 상생의 고리를 만드는지 고민하자는 거죠. 자원 순환에서 미생물의 순환까지 고려하여 생태 디자인을 하는 거고, 그러려면 세계화된 산업구조에서 근거리 자급자족 유형으로 바뀌어야 된다는 것입니다.

2005년 전환마을이 시작된 킨세일의 과수원. 킨세일의 주민들은 마을에 버려진 과수원 터를 공유지로 만들며 전환마을운동을 시작했다.

재개발 건설회사 직원에서 여성운동가를 거쳐 전환마을 활동가가 되기까지

다시 토트네스 이야기로 돌아가볼게요. 토트네스에 거주하면서 전환마을운동에도 참여했나요?

소란 저처럼 토트네스로 이주해오는 사람들에게 커뮤니티를 소개하는 일을 했어요. '전환마을 토트네스 귀농운동본부' 사무국에 취업한 거죠. 전환마을에서는 '누군가 하고 싶은 일을 하는 사람이 생기면 모두가 도와주자'라는 개념이 있어요. 토트네스 역시 뭔가 하고 싶은 게 있어서 고민하고 있으면 사람들이 아주 적극적으로 지원해주고 함께해줘요. 그래서 외지인들도 쉽게 섞일 수 있죠. 아마추어라도 하고 싶은 일을 하면서 스스로 리더로 성장하게 되는데, 이때 마을사람들이 적극 지지하고 도와주니까 개인이 리더로 성장하기가 훨씬 쉬워요.

토트네스에서 살면서 저도 서예나 한국 문화를 소개하는 소모임을 만들었어요. 그 모임 중에 가장 인기가 있었던 건 도토리 워크숍이란 거였어요. 토트네스에 도토리나무가 정말 많거든요. 그런데 도토리를 돼지 사료로만 쓰고 다르게 사용할 줄을 모르더라고요. 그래서 도토리로 음식을 만드는 걸 가르치는 워크숍을 기획했어요. 200명이 넘게 몰려왔죠.

활동과 함께 슈마허 대학에 다니며 생태 공부를 했어요. 그곳에서 슈마허 대학의 공동설립자 사티쉬 쿠마르나 『오래된 미래』의 저자 헬레나 노르베리 호지와 같이 세계적으로 내로라하는 생태학자들에게 배우는 큰 행운을 얻었답니다.

생태운동과 소란의 삶에 어떤 연결고리가 있나 살펴봤더니 20대 후반에서 30대 초반까지 농사를 지은 적이 있더라고요. 이때의 경험이 전환마을운동에 영향을 미쳤나요?

소란 강화도가 제 고향인데요. 스물일곱 살 때쯤 비어 있던 고향집을 친구들이랑 작업실 겸 휴식처로 삼기로 했어요. 서울 생활의 고달픔을 풀 요량이었죠. 거기 가서 살았던 건 아니고 각자 자기 일을 하며 자주 갔어요.

제가 어렸을 때 본 시골 사람들은 알콜중독으로 일찍 죽거나 농약 때문에 아픈 경우가 많았어요. 그래서인지 마을 전체에 패배감이 가득했죠. 당연히 도시로 나간 자식들은 고향으로 돌아오고 싶어하지 않았어요. 지금 와서 생각해보면 외지로 공부하러 갔다가도 다시 돌아오는 젊은이가 많은 토트네스와 참 대비되는 모습이네요. 어쨌거나 그래도 전 이상하게 시골이 좋고, 시골 사람들이 좋아 뻔질나게 강화도를 드나들었어요.

그러다가 동네 어른들을 도와 농사를 짓게 됐어요. 동네분들이 저희가 불쌍했는지 많이 가르쳐주셨어요. 마늘도 심고 콩도 심으며 처음 3년 정도는 말아먹었고요. 유기농 인삼 농사가 제법 잘되었어요. 화학비료를 주지 않고 예전에 저희 할아버지가 짓던 방식대로 땅을 몇 년 묵혀 지었어요. 땅을 살리는 과정을 거치면서 자연의 이치에 대해 조금 배웠지 않나 싶어요. 유기농 인삼이 귀해서인지 밭떼기로 사는 사람이 있어서 친구들이랑 인삼 팔아 여행가자고 했죠.

저는 하염없이 풀을 뽑거나 무언가를 캘 때, 그러니까 자연 속에 들어 있을 때 행복하더라고요. 농사를 지으면 몸도 마음도 정신도 평안해지거든요. 경제적으로 심리적으로 많이 지쳐갈 때 저를 위로하는 것은 언제나 자연이었던 것 같아요.

그럼 인삼이 잘 팔려 영국 여행을 가게 된 건가요(웃음)?

소란 그렇게 되나요(웃음). 사실은 재충전이 절실했어요.
잠시 제 이력을 말씀드릴게요. 제 첫 직장은 큰 건설회사였는데, 거기서 맡은 일이 끔찍하게도 주상복합건물을 짓는다고 시장 상인들을 설득해 쫓아내는 거였어요. 도저히 견딜 수가 없어 관두고 그 퇴직금으로 여성운동을 시작했어요.

학생 때부터 기웃해온 노동운동과 진보정치운동에서조차 왜 여성은 차별받는가 늘 궁금했는데요. 그게 개인의 문제를 넘어 사회시스템의 문제라는 걸 알게 되었어요. 그래서 여성운동을 시작한 거고, '여성해방연대'라는 조직도 만들었어요. 지금에 와서는 어찌나 크고 거대한 이름인지 헛웃음이 피식 나지만 그 당시에는 불합리한 세상을 바꿔보고 싶어서 거창하게 이름을 지었어요.

여성해방연대에서 성매매방지법 제정·호주제 폐지·성폭력 반대 등의 운동을 열심히 하며 회사 다닐 때와 비교할 수 없을 만큼 보람이 컸지만 점점 지쳐갔어요. 여성해방연대에서는 성폭력 가해자의 재발 방지를 위해 조직과 개인을 상담하는 일을 했는데, 그 일이 주는 스트레스가 엄청 났어요. 그리고 비영리단체에서 생활비를 스스로 벌면서 활동하는 일이 주는 압박감도 심했고요. 좀 쉬어야겠다고 떠났던 토트네스라서 더 행복했던 것 같아요. 평생 이런 곳에서 살면 좋겠다 싶을 정도로요.

토트네스의 생활을 접고 한국으로 다시 돌아온 데는 특별한 계기가 있었나요?

소란 2010~2011년 우리나라에 구제역이 돌아 소와 돼지들이 끝도 없이 도살당하는 일이 벌어졌어요. 그때 강화에 살던 작은어머니가 피붙이처럼 키우던 가축들이 살처분되는 충격에 목숨을 끊으셨어요. 그

소식을 듣고서 토트네스에서 편히 지낼 수가 없었어요.

인간의 욕심이 만들어낸 공장식 밀집 사육이 구제역이라는 무덤을 팠고, 그 피해를 결국 인간이 고스란히 받을 수밖에 없었던 거잖아요. 고민에 휩싸여 있는 저를 보고 토트네스의 친구들은 한국에 가서 세상을 바꾸기 위한 행동을 시작해보라고 했어요. 그래서 다시 돌아왔어요.

전환마을 은평, 도시에서 생태 공동체의 가능성을 찾다

농촌이 아닌 서울로 돌아온 이유가 궁금해요. 토트네스와 같은 전환마을을 만들기에 서울은 적절한 장소가 아닌 것 같거든요.

소란 한국은 도시와 농촌의 분리가 굉장히 심한 나라예요. 역할이 딱 나뉘어 있고, 거리도 멀리 떨어져 있고요. 그렇다 보니 도시에 사는 사람들은 도시가 농촌을 착취하고 있다는 걸 느끼지 못해요. 마치 마트에서 다국적기업의 물건을 구입할 때, 노동력을 착취당하며 물건을 생산한 제3세계 국가의 노동자를 떠올리지 못하는 것과 비슷하죠.

지금의 경제구조는 대부분의 사람을 소비자로만 만들어요. 도시가 소비만 하니까 시민운동도 소비자운동으로 가게 되는데, 이게 한계가 있어요. 생산하지 않으면 착한 소비가 무엇인지 알기 힘들거든요. 심지어 의식이 있다는 생활협동조합 소비자들도 생산물이 어떻게 자기에게까지 왔는지 그다지 관심이 없어요. 내 돈 주고 좋은 물건 사면 그만인 거죠. 소비자운동을 넘어서기 위해서는 소비자를 생산자로 만들어야 해요. 그래야 문제의 핵심에 다가갈 수 있어요.

그래서 시작은 도시여야 한다는 당위가 있었어요. 2014년 전국귀농운동본부 텃밭보급소에서 활동할 때 지역 곳곳의 청년들을 만나면서 시골살이를 꿈꾸는 청년들이 많다는 사실을 알게 됐어요. 청년들과 함께 '명·랑·시·대(명랑한 청년들이 시골에서 대안을 꿈꾸다)'를 만들고 농촌과 도시를 연결하기 위한 방법을 고민했고요. 무엇보다 삶의 기술과 철학을 공부하는 게 우선이라고 생각해 서울 은평구에 퍼머컬처학교를 만들기로 했죠.

은평에 자리를 잡은 건 이곳에 먼저 활동하고 있는 시민사회 단체들이 많았고, 특히 생태운동에 관심 있는 사람이나 단체도 꽤 있었기 때문이에요. 은평에 있는 단체들은 폐쇄적이지 않고 사회적 메시지를 가지고 고민하는 사람들에게 열려 있어서, 제가 와서 고민과 계획을 이야기했을 때 선뜻 같이 해보자고 손을 내밀어주더라고요.

이제 본격적으로 전환마을 은평에 대해 이야기해볼까요(웃음)? 지지해주는 분들이 있었지만 처음 발을 내딛는 과정이 쉽지만은 않았을 것 같아요.

소란 오세훈 전 서울시장 시절에 은평구에는 있는 한 공원부지로 남산에 있는 국궁장을 이전하려는 계획을 세운 적이 있었어요. 주민들이 거기에 반대하며 주민투표까지 하면서 공원을 텃밭으로 만들자는 활동을 벌였죠. 박원순 시장이 그 요구를 받아들여 텃밭으로 만들기로

퍼머컬처로 디자인한 갈현텃밭에는
생태화장실·퇴비장·발효텃밭·치유텃밭·토종벼를 심은 논 등이 자리를 잡았다.

한 시점에 제가 마침 은평에 간 거였어요. 시기가 딱 맞아떨어졌죠.

은평도시농업네트워크, 생태보전시민모임 하는 분들이 저에게 퍼머컬처에 맞춰 텃밭을 디자인해보라고 임무를 주셨어요. 그래서 만들어진 게 '갈현텃밭', 지금의 '향림텃밭'이에요. 오줌과 똥을 자원으로 돌리는 생태화장실, 거름을 만드는 퇴비장, 발효음식 재료를 기르는 발효텃밭, 빵과 피자를 구울 수 있는 화덕, 장애인을 위한 치유텃밭, 열세 가지 토종벼를 심은 논과 백로가 찾아오는 습지까지 갈현텃밭에 자리를 잡았어요. 몇 년에 걸쳐 완성이 되었는데 아주 예뻐서 마을의 자랑거리가 되었지요.

퍼머컬처는 어쩌면 가장 게으른 농업이에요. 비닐을 덮고 농약과 비료를 주는 등등 손이 필요한 많은 일을 인간이 할 필요가 없거든요. 잡초도 훌륭한 퇴비가 되고요.

갈현텃밭을 함께 일구어가던 중이던 2014년 11월에 전환마을 은평을 선언했어요. 은평녹색당, 은평두레생협, 생태보전시민모임, 태양과바람에너지협동조합 등 은평의 여러 단체들과 함께였죠.

전환마을 은평은 선언 후 몇 년 안 되었지만 성장 속도가 꽤 빨라요. 많은 모임들이 생겼고, 학교도 여럿 만들어지고 있다는 소식을 들었어요.

소란 도시에 균열을 낼 수 있는 생태적 거점을 만들고 그 공간에서 사람들이 바뀌어가는 과정이 중요하다고 생각했어요. '전환'을 위해서는 관계 맺기가 필요해요. 도시를 생태적 마을로 전환하는 데 인간이 빠질 수 없으니까요. 사람들이 텃밭에 와서 자기 농사만 짓고 쌩 가버린다면 내 가족의 건강한 먹거리 생산은 될지 몰라도 공동체는 없는 거잖아요. 그래서 관계를 만드는 일을 계속했어요.

초기에는 우리가 하는 게 어떤 건지 알려야 해서 학교를 많이 열었어요. 전환마을예술학교, 잡초라도충분한풀학교, 생명의논학교, 퍼머컬처학교, 은평발효학교, 자립자족학교 등등이요. 대체로 몸으로 무언가를 하는 걸 배우는 거라, 전문적이지 않고 누구나 할 수 있는 것들이죠. 가치 없다고 여겨지는 것들에서 가치를 창출하는 학교랄까요. 아무튼 고리타분한 학교가 아니어서인지 마을분들도 편하게 다가와주셨고, 소문이 나서 전국에서 찾아오는 사람들도 꽤 있어요.

모임도 거창한 게 아니라 일상에 기반을 둔 소소한 것들부터 만들었어요. 은평에서 처음 꾸린 건 단식 모임 '공복친구들'이에요. 단식을 혼자 하면 너무 어렵잖아요. 2주 동안 단식을 함께하면서 서로 챙겨주는 거죠. 이때는 화장품이나 샴푸 같은 것들을 전혀 사용하지 않아요. 자신의 몸이 변화하는 걸 보면서 그간 화학제품에 얼마나 찌들어 살았는지 돌아보게 돼요. 이게 생각보다 꽤 전복적인 모임이에요. 자기 삶을 돌아보면서 자본주의 욕망, 생태가치에 대한 문제까지 나아가게 되거든요.

토종씨앗을 기르는 모임, 춤명상 모임, 목화를 길러 옷을 짓는 모임 등 마을 모임은 자꾸자꾸 늘어나고 있어요. 공간이 열려있으니 사람들이 와서 자기들이 스스로 모임을 만들거든요. 전환마을운동은 따로 리더가 필요 없어요. 뭔가 해보고 싶은 게 있으면 쉽게 시작할 수 있고, 잘했네 못했네 평가 기준도 없고요. 실패하면 또 다르게 시도하면 되는 거죠. 우리도 전환마을은 처음이니까요.

여러 학교와 모임 가운데서도 퍼머컬처학교의 위상은 좀 특별할 것 같아요. 소란은 한국에 돌아와 전환마을운동과 함께 퍼머컬처 전파자로서도 큰 역할을 하고 있잖아요. 퍼머컬처학교에서는 어떤 걸 배우고 나누고 있나요?

소란 전환마을의 기본 원리가 퍼머컬처인 만큼 퍼머컬처 교육은 아주 중요해요. 퍼머컬처학교는 국제공인 72시간 코스로 이뤄져 있어요. 학교를 수료하면 퍼머컬처 디자이너가 되어 자신만의 방법으로 퍼머컬처 코스를 개발하고 전파할 수 있는 자격이 주어져요. 쉽게 말해 강사가 되는 거예요.

퍼머컬처학교에서는 농사 기술 교육보다는 회복과 같은 가치와 철학을 공유하는 게 더 우선이에요. 자연을 해치지 않으면서 자연과 더불어 살아가는 방법을 자연 속에서 찾는 과정이지요. 물론 퍼머컬처 방식의 농사법을 배우며 직접 퍼머컬처 디자인도 해봐요.

2014년 가을에 퍼머컬처 1기 학교가 열렸고, 지금은 은평뿐 아니라 충남 금산, 경기도 남양주 두물머리, 전남 영암 선애빌 등 전국으로 확산되어 7기까지 열렸어요. 10기를 배출하면 퍼머컬처 컨버전스(convergence)도 졸업생들과 만들 예정이에요. 2018년에는 한·일 공동 퍼머컬처학교도 양국에서 열려고 하고 있고요.

도시텃밭에서 얻은 수확물로 '얼굴 있는' 밥상 차리는 마을식당

퍼머컬처를 경험한 사람들이 세계 곳곳에서 전환마을, 생태마을, 도시텃밭, 마을공동체 등을 각자의 방식으로 다양하게 발전시키고 있잖아요. 한국도 퍼머컬처 졸업생이 늘어나면서 지속가능한 사회를 위한 시도가 이뤄지고 있을 텐데, 소개할 만한 성과가 있나요?

소란 전환마을 은평에서 운영하는 식당 '전환마을부엌 밥·풀·꽃(이하 밥풀꽃)'이 퍼머컬처 2기생들의 아이디어였어요. 은평 도시농부들이 직접 생산한 로컬푸드로, 은평의 요리사들이 요리하고, 은평 사람들이 밥을 먹는 식당을 만들면 어떻겠냐며 같이 상상하고 설계해 만든 거예요.

전환마을의 기본원리를 배우는 퍼머컬처학교에서는
자연과 더불어 살아가는 회복의 가치와 철학을 배운다.

전환마을운동에서 '식(食)'의 자립 문제는 아주 중요해요. 마을이 자본주의에서 얼마나 자유로울 수 있는지가 거기 달려 있다고 해도 과언이 아니거든요. 세계 곳곳의 전환마을에 가보면 로컬푸드가 유통되는 가게들이 마을 곳곳에 듬직이 자리 잡고 있는 모습을 쉽게 볼 수 있어요.

밥풀꽃은 2015년 11월에 문을 열었는데, 사실 설계 단계에서는 식당을 운영할 만큼 식재료를 댈 도시농부가 과연 몇 명이나 될까 걱정했거든요. 그런데 생각보다 많은 분들이 함께하고 있어요. 농사를 취미로 지었던 분들이 밥풀꽃에 납품하면서 협업농장을 꾸리기도 하셨죠.

밥풀꽃은 '밭'이 중심인 식당이에요. 오늘 밭에서 뭐가 많이 났으니 이걸로 음식을 해야겠다고 정해요. 어느 밭에서 누가 생산했는지 알 수 있는 '얼굴 있는' 음식으로 한 상 차리지요.

밥풀꽃에 직접 와서 보니 장사가 아주 잘되네요. 전환마을 모임 안내문이 식당 게시판에 붙어있는 걸 보니 동네 사랑방 같은 분위기가 느껴져요.

소란 동네분들이 많이 와서 드시는데, 점심 때는 평균 40명에서 많으면 70명도 오세요. 생산자가 아는 사람이라는 데서 믿음을 가지세요. 누가 재배한 쌀인지 누가 만든 두부인지 다 아니까 '설마 이 사람이 나한테 나쁜 걸 먹이겠어?'라고 생각하죠. 도시에서 생산한 것들이 충분히 신선하고 깨끗한 걸 보면서 사람들은 놀라요. 농촌에서만이 아니라 도시에서도 생산할 수 있다는 가능성을 깨닫게 되는 거죠.

밥풀꽃은 출자를 받아 만들었는데, 한 구좌에 100만 원씩 30구좌 정도 돼요. 퍼머컬처 졸업생들이 한 구좌, 풀학교 졸업생들이 한 구좌, 도시농부 팀이 한 구좌, 학교 가기 싫고 떡볶이 만들어 팔고 싶은 친구들이 한 구좌, 이렇게 여러 사람들이 조금씩 밥풀꽃에 지분이 있어요. 밥풀꽃은 모두에게 애정 가득한 공간이자 전환마을 은평의 중심이에요. 밥풀꽃 앞에서는 매달 농장의 농산물이나 소모임들에서 만든 물건, 혹은 나에게는 필요하지 않지만 누군가에겐 필요할 물건을 파는 장터가 열려요.

밥풀꽃이라는 공간은 새로운 길을 잘 보여주는 장소라는 생각이 들어요. 다른 지역 사람들이 전환마을 은평에서 배우려고 방문하는 경우가 많은 것 같던데, 청년이나 청소년이 전환마을운동에 관심 갖고 찾아오기도 하나요?

전환마을 은평에서 운영하는 식당 밥풀꽃은 은평 도시농부들이 직접 생산한 로컬푸드로 은평의 요리사들이 요리하고, 은평 사람들이 밥을 먹는 식당이다.

소란 한국사회, 특히 도시를 싫어하는 친구들이 와요. 그중에서도 아픈 친구들이 좀 많아요. 뭔가 안 좋은 음식을 먹으면 몸에서 반응이 확 오는 친구들 가운데는 자신이 직접 생산자가 되어 문제를 해결해야 겠다고 고민하는 경우가 있거든요. 절반 정도는 이런 경우고, 나머지 절반은 자본주의 사회를 또래들과 다른 방식으로 돌파하고 싶어하는 혈기 왕성한 청년들이에요. 이 둘은 굉장히 성격이 다른 부류라 서로 갈등이 있을 수 있는데, 이 친구들이 훌륭한 건 갈등이 있다는 것을 당연하게 받아들이고 함께 해결하며 공동체를 만들어 가더라고요.

기성세대들은 요즘 청년들을 보고 책임감과 끈기가 부족하다는 말을 많이 하잖아요. 실제로 청년들과 함께하면서 여러 일들을 겪으실 텐데, 어떤가요?

소란 글쎄요, 그건 청년 시기의 당연한 모습 아닌가 싶어요. 실제로 자신들이 뭘 해야 할지 잘 모를 때니 이런저런 다양한 경험을 해볼 수 있는 거니까요. 해보고 아니면 그만둘 수 있는 거고요. 전환마을 은평 역시 프로그램이 많으니까 흥미를 가지고 참여하러 왔다가 아니면 나갈 수 있는 거죠. 그런 모습을 두고 "요즘 애들은 안돼"라고 말하면 안 되죠(웃음).

그리고 한 가지 잊지 말아야 할 건 그 청년들이 나중에 다시 돌아온다는 거예요. 왜냐하면 공유하는 코드가 생겼기 때문이에요. 다음 기회에 다른 관계 속에서 그들의 '전환'이 이뤄질 때가 있으니 긴 호흡으로 기다려주는 게 필요해요. 제 경우만 봐도 청년 시절 온갖 시행착오를 겪었고, 직업도 이것 했다 저것 했다 그랬잖아요.

어쨌거나 열심히 일해도 부자가 되기는커녕 자기 땅 한 평 갖기 어려운 물리적 한계가 분명한 시대에 청년들한테만 인내가 없니 어쩌니 잣대를 들이대는 건 잔혹해요.

공감합니다. 청년들을 기다리고 지지하는 것 외에 함께할 수 있는 건 무엇일까요?

소란 우리들의 욕망이 어디서 온 건지에 대해 함께 이야기하는 걸 계속 해야죠. 사실 퍼머컬처의 방식으로 전환마을에 살면서 아주 많은 돈을 벌어 떵떵거리며 살 수는 없어요. 그런데 한번 생각해봐요. 돈을 벌어 멋진 물건을 사고 맛난 음식을 사먹고 좋은 곳으로 여행을 떠나는 삶은 모든 것이 돈으로 치환되는 구조예요. 게으르게 살지 말고 열심히 돈을 모으라고 몰아치는데, 불행하게 돈을 버는 대신 일하는 시간을 줄이고 내가 하고픈 창의적인 일을 하는 게 더 생산적일 수 있어요.

그럼 우리의 욕망은 어쩌냐고요? 욕망을 없애는 대신 욕망을 푸는 방식을 달리하면 돼죠. 여행을 가지만 비싼 호텔에 묵는 대신 전환마을 친구들에게 놀러가거나 그 친구들이 소개해주는 저렴한 곳으로 갈 수 있죠. 우리에게는 돈이 없지만 '네트워크'라는 강력한 무기가 있는 거예요. 이렇듯 전환마을은 청년들이 자본주의 욕망에 대해 다시금 생각해볼 수 있는 공간이에요. 말하자면 내적인 전환이 이뤄지는 곳이죠.

지역적으로 행동하고
국제적으로 사고하고 연대하기

이야기를 듣다 보니 소란은 어떻게 생계를 꾸려나가는지 궁금해요. 도시에서는 더 소비하고 더 욕망하는 게 자연스러운 일이잖아요. 이런 소비 중심의 삶을 벗어나는 건 쉽지 않을 텐데요?

소란 저는 한 달에 100만 원 정도 벌어요. 대체로 강사료로 받는 돈이에요. 얼마 안 되죠? 하지만 한 달에 쓰는 돈이 50만 원 정도라 전혀 쪼들리지 않아요. 먹는 건 거의 자급자족이에요. 오줌 받아 발효시킨 퇴비로 채소를 키우고, 뒷산에서 야생초를 뜯고 도토리도 줍고요. 술도 담가 먹어요. 가까운 거리는 걸어다니고요.

집이 가장 큰 문제기는 하죠. 영국에서 돌아온 뒤 돈이 한 푼도 없어서 집을 구할 수가 없었어요. 그때 저를 구조한 친구들이 있어요. 그 친구들이랑 셰어하우스에서 살았어요. 다섯 명이서 함께 대출하고 월세를 내는 집을 구했는데 보통 월세보다 훨씬 쌌어요. 방이 다섯 개, 화장실이 세 개, 마당까지 있는 소위 부잣집을 빌렸어요. 방은 따로 쓰고 공유공간은 함께 써 '따로 또 같이'가 가능했죠. 안타깝게도 그 집을 집주인이 파는 바람에 셰어하우스 식구들은 작은 집으로 쪼개져서 살게 됐지만 여전히 셰어하우스를 유지하며 지역 활동가들과 어울려 살고 있어요. 혼자 모든 걸 해결하려면 엄청나게 많은 돈이 들지만 함께하는 사람, 함께하는 마을이 있으면 생계에 돈이 많이 들 이유가 없어요. 경쟁에서 벗어나 우정과 공존을 찾기만 하면 되지요.

예전부터 마을에 살고 있던 주민들과는 관계가 어때요? 텃세라든가 세대 차이에서 오는 갈등은 없나요?

소란 그것도 어쩌면 편견이에요. 마을분들이 나이 들어 할 일이 생겼다고 좋아하시고, 끼워줘서 고맙다고 그러세요. 밥풀꽃 직원분들도 거기서 일하기 전에는 생태나 환경에 대해 잘 모르셨지만 GMO나 식품첨가제 문제 등을 함께 공부하고 지역 농부들이 키운 먹거리를 받아 요리하면서 가치 있는 일을 하게 돼서 좋다고 행복해 하세요.

하지만 일부러 같이 하려고 하지는 않아요. 빈 곳들을 서로 채워줄 때 시너지가 나는 걸 알았거든요. 어르신 풍물패랑 청년 풍물패 둘다 여러 가지 이유로 인원이 부족할 때 연합한다거나, 70대 연극모임에 젊은이들이 함께한다거나 하면서 서로에게 힘을 주는 거죠.

이제 마을 행사를 하면 일회용품 안 쓰고 쓰레기 안 만드는 일에도 잘 동참하세요. "지구를 살려야지" 하시면서요. 어르신들이 처음에는 결혼을 왜 안 하냐, 옷차림이 그게 뭐냐 걱정하는 말을 하기도 하셨는데, 이젠 그런 말 하면 안 된다는 걸 잘 아세요.(웃음)

전환마을에서는 텃밭부터 식당, 모임에 이르기까지 '함께하는 공간', 즉 공유지의 중요성이 점점 커질 것 같아요. 크리스토퍼 알렉산더는 '공유지가 없으면 어떤 사회시스템도 살아남을 수 없다'(『건축도시 형태론』)라고 말했지만, 도시에서 공유지를 찾기란 어려운 일이지 않나요?

소란 서울에서 공유지를 찾는 건 굉장히 어려워요. 그래도 작든 크든 공유지 만들기 운동을 적극적으로 해야만 해요. 전환마을 은평의 경우 동네 땅을 매입해 집 세 채를 연결해 마을도서관을 만들기도 했고, 아파트를 지으려고 건설사가 매입했다가 불경기로 놀고 있는 땅에 텃밭을 만들자고 제안서를 올려 협상하는 중이기도 해요. 공유지가 중요한 이유는 마을에 모일 공간이 없으면 회사 가서 돈 벌고 집에 와서 잠자는 개별화된 '좀비'들이 사는 곳이 되어 버리기 때문이에요.

외국에서는 마을운동이 스쾃(squatting, 무단점유)으로 시작되었지만, 우리는 그렇게 해서는 고소고발만 당할 테니까 온갖 창발적인 방법으로 합법적인 공유지를 만들어야 해요. 기업들이 공유지를 다 잠식하기 전에 조금이라도 더 빨리 움직여야 합니다.

서울시 마을공동체 사업 지원금을 마을회의를 통해 받지 않기로 결정했다는 이야기를 들었어요. 전환마을 은평만의 운영기준은 무엇인가요?

소란 마을은 살림을 사는 일상적인 삶의 터전이지 경제성장을 이뤄야 하는 곳이 아니에요. 전환마을에서는 마을이 원래부터 가지고 있던 자원을 찾아내고 마을 스스로 자립할 수 있는 생명력을 키우는 게 중요해요. 그러니 마을에 자력이 생기기까지 훈련과 연습을 하고 공동체의 결속을 다진 후 필요에 따라 공동체가 동의할 경우 투자를 받는 게 원칙이에요. 준비가 되지 않았는데 덜컥 지원금을 받게 되면 지원금을 위한 사업밖에 안 되니까요. 활동가들이 혹사당할 수밖에 없고요. 돈이 부족하더라도 우리가 하고 싶고 우리한테 필요한 사업을 천천히 해나가는 편이 훨씬 좋아요.

또 저희는 하고픈 일에 걸림돌이 되는 규칙은 만들지 않기로 했어요. 밥풀꽃만 하더라도 협동조합 방식이긴 하지만 협동조합으로 등록하지 않았어요. 협동조합은 총회도 해야 하고 운영위원회도 만들어야 하고 서류도 필요해요. 그렇게 서로를 지치게 하는 형식을 접어두고 정할 게 있으면 밥 먹으면서 회의하기로 했죠.

운영에 있어서도 퍼머컬처 원리가 적용되는군요. 전환마을 은평이 중심을 잘 잡고 있어서일까요? 한국에서도 전환마을이 점점 늘어나고 있어요. 전환마을운동의 전망은 어떠한가요?

소란 한국 전환마을운동이 이제 만 세 살이 되었네요. 그동안 전환

밥풀꽃 앞에서는 매달 농장의 농산물이나 소모임에서 만든 물건, 혹은 나에게는 필요하지 않지만 누군가에겐 필요할 물건을 파는 장터가 열린다.

도시 신촌이 시작되었고, 간디학교가 있는 금산도 전환마을과 전환학교를 선언했어요. 서대문, 성미산마을, 하자학교가 있는 영등포 등 서울의 여러 마을공동체들이 전환마을을 고민하고 있고요. 전국으로는 제천의 덕산마을, 강화의 진강산 마을공동체, 과천의 맑은샘학교가 함께하려고 해요. 2017년 2월에는 이들과 함께 '한국전환마을네트워크'를 결성했어요. 대만, 중국, 일본, 태국, 필리핀, 인도 등 아시아의 전환마을과 함께 '아시아전환마을네트워크'를 꾸리기도 했고요. 각각의 전환마을은 작은 지역에 불과하지만 엄청나게 국제적이죠. 우리는 지역적으로 행동하고, 국제적으로 사고하고 연대해요.

전환마을이 발전하는 이유는 성장 없는 시대가 도래했기 때문이에요. 자본주의 질서 안에서 인간의 생존이 어려워지고 있기 때문에 자생력을 회복하는 마을이 화두가 되는 것이죠. 이미 시작한 전환마을과 전환마을을 고민하는 마을들이 지혜를 보태면서 거침없이 상상하며 가보지 않은 길을 내보아야겠지요.

인터뷰 후기

—

경쟁 대신 우정과 공존을 선택한 아름다운 마을

소란과 오전에 시작한 인터뷰는 점심시간을 조금 넘기고 마무리되었다. 점심을 먹기 위해 마을식당 밥풀꽃으로 자리를 옮겼더니 인근에서 일하는 회사원들로 북적북적했다. 메뉴는 도시농부의 수확에 맞춰 매일매일 달라지는데, 그날은 돼지불고기, 샐러드, 치자밥과 된장국, 그리고 네 가지 반찬이었다. 밥을 한 숟가락 입에 넣고 불고기를 먹어보니 매일 이 백반을 먹을 수 있는 은평 구산동 주민과 직장인이 무척이나 부러웠다.

밥상은 '얼굴 있는 음식'으로 가득했다. "열무는 저희 집 마당에서 키운 거고요. 상추는 밥풀꽃 농장, 방울토마토는 은평문화예술회관 옥상텃밭에서 온 거예요"라며 소란은 음식 재료에 대해 하나하나 직접 설명해주었다. 이 식당을 통해 은평 사람들은 건강한 먹거리를 먹을 수 있고 여러 가지 일을 벌일 수 있는 풍성한 공간이 생겼다.

밥풀꽃의 밥상이 그리워 얼마 후 다시 한 번 들렀다. 그때는 식당 앞이 시끌벅적했다. 청년들이 직접 구운 쿠키와 빵, 수제

잼, 안 입는 옷, 악세사리 등을 판매하고 있었고, 마을 어르신들은 걸음을 멈추고 흥정하기도 하고 이야기꽃을 피우기도 했다.

이들은 아마 평소에 함께 모여 퍼머컬처를 공부하고, 자투리 땅과 텃밭에서 함께 농사를 짓고, 뒷산에서 야생초와 도토리를 채집해 파티를 열 것이다. 도시 한복판에서 열세 종류의 토종벼를 키워 그 쌀로 열세 가지 떡과 술을 담가 먹고, 동네 장터에 내다 팔 것이다. 함께 단식을 하며 자신의 욕망을 들여다보고, 함께 춤추며 웬만한 갈등거리는 털어버릴 것이다. 이들은 서로 경쟁하는 대신 우정과 공존 속에 살아가는 전환마을 은평 주민이다.

전환마을은 거창한 것이 아니다. 소란은 '우리 안에 원래부터 있는 것을 발견하는 것'에서부터 전환마을이 시작된다고 했다. 서로 이야기를 나누고, 서로의 고민에 관심을 갖고, 함께 무언가를 궁리하는 것에서 변화는 시작된다. 전환마을은 저 멀리 있는 이상향이 아니라 일상 속 작은 실천에서 시작되는 운동이다. 전국 곳곳에 '전환마을 OO'이 다양한 방식으로 만들어지길 고대한다.

02

엄마보다 마을이 아이를 잘 키운다

공동육아와공동체교육
사무총장 이경란에게 듣는

함께하여 즐거운
공동육아 이야기

> 공동육아 아이들은
> 세균, 미생물, 미세먼지, 중금속이 묻어 있는
> 더러운 흙에서 놀아도
> 실내에서 노는 아이들보다 더 건강해요.
> 플라스틱 놀잇감 대신
> 천이나 나무 등 구조화되지 않은 것들을 가지고 놀고요.
> 짜여진 주입형 교육 대신 아이들이 자유롭게
> 탐색할 수 있는 놀이를 하죠.

공동육아와공동체교육

공동육아와공동체교육은 우리 사회의 모든 어린이들이 계층, 지역, 성, 장애 정도에 구분 없이 바람직한 육아 혜택을 받을 수 있도록 어린이의 복지와 교육의 질을 향상시키고자 설립되었다.

공동육아는 40년 전 1978년 빈민지역 어린이들의 교육 기회를 확대하고 삶의 방식을 변화시키기 위한 보육으로 출발했다. 어린이걱정모임, 해송보육학교, 해송아기둥지, 해송지역아동센터로 이어지는 경험과 실천은 공동육아운동의 바탕이 되고 있다.

한편 1994년에는 젊은 부모와 교사들이 우리나라 최초의 공동육아협동조합을 세우고 공동육아어린이집이라는 새로운 실험을 시작했다. 서울 마포에 문을 연 '우리어린이집'이 그것. 이어 1997년에는 초등학생을 대상으로 하는 방과후교실을 열었다.

이후 전국 각지에서 생긴 공동육아협동조합들이 '공동육아연구회(공동육아연구원으로 전환)'를 중심으로 서로 연결되었고, 이 조직은 2001년 현재의 사단법인 공동육아와공동체교육으로 개편되었다.

2017년 11월 현재 전국의 공동육아 현황은, 공동육아어린이집(조합형, 구립, 민간) 78곳, 방과후교실 17곳, 지역공동체학교(부설기관 2곳 포함) 8곳, 대안초등학교 1곳이며, 부모 약 2100가구, 어린이 약 2700명, 500여 명의 교사와 연구자들이 함께하고 있다.

공동육아와공동체교육은 '우리아이 함께 키우기, 더불어 사는 세상 만들기'를 미션으로 삼고, '누구나 누리는 즐거운 공동육아'를 실현하기 위해 힘쓰고 있다.

이경란 _ 공동육아와공동체교육 사무총장

1964년생. 이경란은 1994년 큰아이가 4살, 작은아이가 3개월이던 무렵 우리나라 최초의 공동육아협동조합에 부모조합원으로 참여했고, 아이들을 협동조합어린이집에서 키우며, 공동육아의 즐거움을 알아갔다. 어린이집의 큰 아이들이 초등학교에 갈 무렵 방과후교실을 협동조합으로 열었고, 이후 소비자생활협동조합 '마포두레생협(현 울림두레생협)'을 결성하기도 하면서 마을공동체 만드는 일에 함께했다.

'부모협동어린이집 운영지침서'를 만드는 등 공동육아 영역에서 꾸준히 활동했으며, 마포 성미산마을의 여러 활동들을 연결하는 '사람과 마을'의 이사, 마포두레생협 이사장 등을 역임했다. 2014년부터 공동육아와공동체교육 사무총장으로 일하고 있다.

이경란은 연세대 사학과를 졸업하고 동대학원에서 석·박사 학위를 받았으며, 연세대 국학연구원에서 HK연구교수 등으로 9년간 재직했다. 한국 근현대 농업사 연구로 시작해서 농촌사회사, 근현대 지역공동체와 협동조합 연구 등을 진행했으며, 저서로 『일제하 금융조합 연구』, 『마을로 간 인문학』(공저) 등이 있다.

I

우리나라 최초의
공동육아어린이집을 만들다

공동육아와공동체교육의 역사가 곧 우리나라 공동육아의 역사인데요. 벌써 40년이 되었습니다. 그 첫 시작은 어떠했나요?

이경란 1970년대 말은 긴급조치가 내려진 엄혹했던 시절이었고 사회에 참여하고자 한 대학생들이 야학을 많이 할 때였어요. 이들은 천막을 치거나 집을 얻어서 야학을 했는데, 여성 노동자들이 일하러 간 사이에 야학에 놀러 오는 동네 아이들이 있었대요. 그 아이들을 보면서 야학선생들이 고민하기 시작했어요. 잘사는 아이나 못사는 아이나 시작을 같게 해준다면 계급 재생산을 깰 수 있지 않을까 하고요. 그런 생각들이 모여 1978년 '어린이걱정모임'이 꾸려지게 되었죠.

급선무는 보육교사 양성이었어요. 당시 유아교육이라 함은, 지금도 잔재가 남아 있지만, 예쁜 원피스 입은 선생님들이 중상층 문화를 보급하는 거였죠. 그런 식으로는 제대로 된 교육이 될 수 없기에 아이들의 처지를 마음으로 이해하는 야학교사들을 보육교사로 키우기로 했어요. 어린이걱정모임이 발족한 같은 해에 해송보육학교를 세워 2기에 걸쳐 4년간 20여 명의 교사를 체계적으로 양성했어요. 그 졸업생들이 신림동 산꼭대기에 만들어진 해송유아원의 교사가 되었죠. 이후 종로 창신동에 해송아기둥지도 문을 열었는데, 보육이라는 게 아이들만 뚝 떼서 하는 게 아니라 지역주민의 삶과 같이 가는 거라 빈민운동, 지역운동 등이 결합했죠. 그 역사가 현재 해송지역아동센터로 이어지고 있는 거예요.

공동육아 역사에서 하나의 전환은, 어린이걱정모임의 주축을 이루던 인물들이 유학에서 돌아와 일상 속에서 성평등을 이루려고 노력했던 여성운동 그룹 '또하나의문화' 사람들과 만나 이뤄졌어요. 1990년에 '탁아제도와 미래의 어린이 양육을 걱정하는 모임'이 결성된 건데요. 사회학, 교육학, 건축학, 인류학 등 각 분야 연구자들이 모여 집중 토론을 하며 아이들의 미래를 어떻게 만들어갈지 연구해 책을 냈어요. 논의의 핵심은 예전에는 대가족이나 마을에서 아이들을 함께 돌봤지만 1980년대 핵가족화 되면서 '엄마가 아이를 키워야 하는' 구조가 되었으니 '육아의 사회화'를 다시 이루자는 거였어요. 그러면서 누구나 쉽게 이해할 수 있는 용어를 찾은 게 함께 아이를 키우자는 의미의 '공동육아'였고요.

그 결과 1994년 우리나라 최초의 공동육아어린이집인 '우리어린이집'이 만들어졌어요. 그때부터 공동육아운동에 참여한 것으로 알고 있어요. 어떻게 함께하게 되었나요?

이경란 아이를 낳기 전에는 어떻게 키우겠다는 생각이 없었어요. 일해야 하니까 어린이집에 보내야겠다는 정도만 생각했죠. 그런데 막상 닥치고 보니까 너무 힘든 거예요. 석사 논문을 쓰고 결혼한 뒤 얼마 안 있어 임신하고 아이를 낳았어요. 당시 제가 역사문제연구소 연구원

이경란은 1994년 우리나라 최초의 공동육아어린이집인 우리어린이집이 만들어질 때부터 지금까지 공동육아운동에 매진하고 있다.

이었는데, 아이를 낳으니 집에 들어앉을 수밖에 없더라고요. 남편이 퇴근하기 전까지는 아이를 봐줄 사람이 없으니 아이가 잠들면 후다닥 슈퍼까지 뛰어가 장 봐오고 그랬어요. 고립육아를 절절하게 경험한 거죠.

아이가 조금 큰 뒤에는 놀이방에 보내고 박사과정 시험 준비를 시작했어요. 놀이방이 꽤 좋은 곳이었는데도, 아이가 집에 오면 항상 바깥에 나가 놀자고 하는 거예요. 왜 그런가 보니 아이가 놀이방에 가서 하루 종일 실내에만 있었던 거예요. 연립주택에 있던 놀이방이었으니

나가 놀 데가 마땅치 않았던 거죠.

그래서 어디 산 밑으로 이사 가야겠다 생각하던 차에 한겨레신문에 난 공동육아협동조합 기사를 본 거예요. 제가 원하는 것들이 다 있는 곳이더라고요. 자연, 마당, 삼촌과 이모와 같은 교사들, 성평등 등등. '여기서 아이 키우면 좋겠다'고 생각했죠. 게다가 협동조합 형식이라니, 제가 공부하던 쪽이라 더 마음에 들었고요. 당시에 출자금이 300만 원이었는데 굉장히 큰 금액이었지만 꼭 해야겠다고 결심했고, 남편은 제 열망이 너무 큰 걸 보고 반대하지 못했어요(웃음).

막상 가서 보니 참여자들 대부분이 저랑 같은 상황이더라고요. 출자금 내고 회의에 참가하면서 유아교육에 대해서 배우고 협동조합도 함께 운영하기 시작했어요.

최초의 공동육아협동조합이었던 만큼 모든 과정이 험한 산에 길을 내는 일이었을 텐데요. 우리어린이집의 초창기 분위기는 어떠했나요?

이경란 우리어린이집의 첫 원장인 정병호 선생님(현 공동육아와공동체교육 이사장)의 박사학위 논문이 일본 홋카이도에 있는 두 보육원(어린이집)의 하루 흐름을 비교하는 거였어요. 한 곳은 실내활동 중심으로 시간에 딱딱 맞춰 아이들의 생활이 진행되는 곳, 다른 한 곳은 나들이 등을 자유롭게 하는 곳이었어요. 어느 쪽을 선택하고 싶으냐고 묻더라고요. 부모들 모두 당연히 후자였죠. 그런 식으로 아이들의 하루 생활이 어때야 하는지, 아이들이 어떻게 커가길 바라는지 함께 이야기했어요. 부모들도 큰 방향성만 같았지 양육이나 유아교육에 대해 잘 몰랐기 때

우리나라의 공동육아는 40년 전 빈민지역 어린이들의 교육 기회를 확대하고
삶의 방식을 변화시키기 위한 보육으로 출발했다.
이 역사가 지역공동체학교로 이어지며 공동육아운동 정신의 뿌리가 되고 있다.

문에 하나하나 배워나갔어요. 어린이집이 아이들의 교육공간이 아니라 생활공간이고, 교육은 그 속에서 자연스럽게 이뤄지는 거라는 것도 차츰 알게 되었어요.

공동육아어린이집 1년차는 어기여차 힘을 내는 분위기였고, 2년차에는 아이들 생활이 보이니까 교사에게 불만도 쌓이고 갈등도 생겼어요. 3년차 즈음에는 여러모로 정리가 돼 교사들이 먼저 "이런 교육을 하겠다"라고 선언하고 부모들이 손뼉 치고 그랬어요. 3년차 때는 작은 아이가 어느 정도 커서 저도 교육이사를 맡아 했어요. 물론 위기도 있었죠. 어린이집 전세금을 날릴 뻔하기도 했으니까요. 그 과정에서 어린이집이 연남동에서 성미산으로 이사했고요. 아무튼 저는 모든 과정이 다 재밌었어요.

협동조합이라 부모들이 참석해야 할 모임도 많았겠어요.

이경란 공동육아어린이집에는 '방 모임'이라는 게 있어요. 우리어린이집에도 있었고요. 저는 방 모임이 공동육아에서 제일 중요한 모임이라고 생각해요. 방은 보통 어린이집에서 말하는 반과 비슷한 건데요. 한 달에 한 번씩 부모들과 교사가 만나 어린이들의 생활과 교육에 대해 공유하고 논의하는 자리예요.

방 모임을 통해서 아이가 질문할 때, 대들 때, 다툴 때, 소중한 곳을 만질 때, 욕을 할 때 어떻게 해야 하는지 알게 되었어요. 아이들은 커가면서 언어를 익히고 행동을 익히고 자기 몸을 탐색하는 건데, 많은 경우 어른들의 눈으로 보면서 금지하고 죄악시하고 훈계하고 그러죠. 그게 얼마나 잘못된 건지, 아이에게 어떤 말을 하고 어떻게 풀어가야 하는지 아이의 눈높이에서 배웠어요.

부모들은 조합원이자 운영자로서 총회, 이사회, 소위원회 모임, 조합 행사, 지역 활동에 참여하고, 일일청소와 일일부모교사 활동 등을 해요.

우리어린이집에 참여한 부모들은 80~84학번 정도로, 대체로 학생운동을 하며 90년대 초 사회주의가 무너지는 좌절을 함께 겪은 사람들이었어요. 길이 보이지 않던 시기, 아이를 키우기 위해 협동조합을 하며 민주주의를 처음 경험하는 거였죠. 운동조직은 비밀이 많아 독재적이었거든요. 협동조합은 투명해서 좋았어요.

아이들이 크듯
무럭무럭 자라난 공동육아

공동육아어린이집에서 아이들은 어떻게 지냈나요?

이경란 공동육아어린이집은 '살아있는 생명인 우리 아이들에게 열려있는 세계를 만들어주는' 곳이에요. 아이들 스스로의 힘으로 자연스럽게 성장하도록 북돋아주는 환경을 만들고자 했죠. 공동육아 아이들은 우리어린이집 초기나 지금이나 흙, 바람, 풀, 햇볕을 접하며 바깥놀이를 자유롭게 해요. 매일 나들이를 가는데 아이들의 놀이가 풍성할 때는 나들이 시간을 늘리고요. 교사들은 아이들이 보고 듣고 느끼는 것에 섬세하고 예민하게 반응해줘요. 세균, 미생물, 미세먼지, 중금속이 묻어 있는 더러운 흙에서 만날 놀아도 실내에서 노는 아이들보다 더 건강해요. 플라스틱 놀잇감 대신 천이나 나무 등 구조화되지 않은 것들을 가지고 놀게 하고요. 짜여진 주입형 교육 대신 아이들이 자유롭게 탐색하며 놀 수 있도록 하죠.

아이들의 하루 생활 리듬이 자연의 흐름에 역행하지 않도록 하며, 세시와 절기의 흐름을 따라 즐기는 생활을 하고요. 계절에 맞는 먹을거리, 볼거리, 놀거리를 찾고 경험하면서 자연의 흐름을 몸으로 느끼고 인식하도록 해요.

아이들은 커가면서 스스로 할 수 있는 일이 많아지지요. 식사 시간에는 자기가 먹을 만큼 음식을 가지고 와서 먹고, 자기가 먹은 그릇을 정리하고, 옷 입고 벗기나 신발 신고 벗기를 스스로 하면서 몸에 익혀요. 또 아이들은 자기 방이 아니어도 자연스럽게 서로 어울려요. 다른 연령의 아이들과 함께하면서 큰 아이들은 동생을 돌볼 기회를 갖고 동생들은 큰 아이들이 하는 것을 모방하며 배워요.

공동육아를 하면서 주위에서 그렇게 아이 키우면 큰일 난다, 유난스럽다, 그런 말을 듣지는 않았나요? 소신을 지키는 게 쉬운 일은 아니었을 것 같아요.

이경란 우리어린이집을 처음 시작할 때만 해도 사람들이 저희더러 "미쳤다"라고 했어요. 큰돈을 내서 어린이집을 직접 만들고, 아이들을 데리고 매일 나들이하는 걸 보면서 유별나다고 했죠.

비가 와도 한겨울이라도 아이들은 밖으로 나갔어요. 그러면서 아이들은 겨울에도 산 어디에 가면 따뜻한 공간이 있다는 걸 알게 되었고, 꽃과 나무가 모습을 바꾸는 걸 보면서 사시사철의 변화에 대해 알아갔어요. 동네를 다니며 만나는 어른들에게 인사하면서 관계를 맺었고, 횡단보도를 건너며 안전하게 다니는 법도 배웠어요. 구석구석 마을 어디에 뭐가 있는지 살펴보면서요.

아이들이 생활 속에서 자연스럽게 이것저것 익히는 이런 과정을 사람들은 아주 이상하다고 생각했죠. 그러다 2000년대 중반이 되어서야 우리가 했던 교육이 좋은 거라는 인식이 안착되었어요. 이제 누리교육과정에도 바깥활동, 산책이 당연하다는 듯이 들어가 있지요.

이야기를 듣다 보니, 공동육아어린이집 교사들은 아이들과 생활하며 공

공동육아 아이들은 매일 바깥 나들이를 하며 흙, 바람, 풀, 햇볕을 접하고,
자유롭게 탐색할 수 있는 놀이를 한다.

동육아의 역사를 매일매일 써내려가는 주체니 만큼 능력이 뛰어나야 할 것 같아요.

이경란: 교사들도 끊임없이 배워요. 논쟁도 계속하고요. 공동육아에서 하나의 축을 맡고 있는 게 '교사회'예요. 다른 모든 어린이집에 교사회가 있다고 하지만 교사들이 토론해가면서 교육과정을 만들진 않거든요. 공동육아어린이집 교사들은 교육을 하며 맞닥뜨리는 문제에 대해 토론하고 학습하고 협력하면서 전체 어린이집 교육과정을 만들어왔어요. 각 어린이집의 개별 교사회와 연대조직에서 그 내용들을 공유했고요.

그리고 공동육아와공동체교육에는 '페다회의'라고 하는 특별위원회가 있어요. 현장의 교육을 지원하는 전문가회의인데요. 구성원의

반 정도는 공동육아어린이집 원장선생님들로, 페다 활동을 자기 업무 일정에 넣고 계세요. 말하자면 공동육아 분야의 최고 브레인 집단이라고 할 수 있어요. 이를테면 장애통합교육을 전담하는 분이 일선에서 기획하고 실천한 장애통합교육 내용을 보고하고 함께 토론하는 식이죠. 이외에도 운영이 어려워진 조합에서 페다회의에 요청하면 파견 가서 아예 원장 역할을 맡거나 소통을 담당하는 역할을 하기도 해요. 공동육아와공동체교육의 운영위원회에서 주로 현안들에 대한 논의를 많이 한다면, 중장기적인 과제는 거의 페다회의에서 다룬다고 보면 돼요.

아이들이 자라 어린이집을 졸업하고 초등학교에 입학하게 됐을 텐데, 그에 대한 계획도 공동육아를 함께하는 사람들과 세웠나요?

이경란 아이들이 자라면서 자연스럽게 초등기에 대한 고민이 시작되었어요. 체벌, 촌지, 왕따 등 당시 초등학교에 대한 부정적인 이미지 때문에 공동육아 부모들이 두려움을 느끼고 있었어요. 그래서 조합 안에서 초등학생 방과후교실을 만들려고 했는데 우리들만으로는 수요가 부족했어요. 그래서 동네로 범위를 확장하기로 했죠.

1997년 '도토리방과후'가 생기고 나니까 어린이집의 6~7세 부모들도 안정이 되더라고요. 초등학교 가서도 잘 살겠구나 확인이 되니까요. 방과후가 빨리 생기지 않았으면 아이들이 떠나 그 후에 마을을 개척하는 일을 할 수 없었을지도 몰라요.

아이들의 현재와 미래가 준비되어 가족들이 지역에 눌러앉게 되면

공동육아어린이집 교사들은 끊임없이 배우고 토론하고 연대하며
공동육아운동을 발전시켜 나가고 있다.

서 2000년 마포두레생협을 추진할 수 있었고, 지역교육 공간인 '우리마을 꿈터'도 만들 수 있었던 거예요.

돈이나 시간이 걸림돌이 될 수 없다
부모는 누구보다 중요한 교육 주체

공동육아에서 잠시 방향을 돌려 현재 우리나라 보육정책의 문제점에 대해 이야기해봐요. 가장 큰 문제점은 무엇이라고 생각하나요? 어린이집 보낼 때부터 부모들이 너무 힘겨워하는데요.

이경란 우리나라 어린이집과 유치원의 80% 이상을 민간에서 운영해요. 이곳들은 기관을 운영하면서 운영자의 수익을 보장해야 해요. 그러니 보육 문제를 두고 돈 계산을 할 수밖에 없어요. 1991년 영유아 보육법을 만들 때 국가가 보육에 쓸 돈이 없다고 빠지고 민간어린이집을 대거 허가해주면서 예견된 일이었어요.

어쨌거나 민간어린이집이 우리나라 어린이 보육에 큰 역할을 해온 건 사실이죠. 그러다 1990년대 후반에서 2000년대 초반으로 넘어오면서 보육의 질에 대한 고민이 다시 대두되었어요. 민간어린이집이 중심이 된 보육을 재검토해보니 리베이트와 횡령이 난무하는 경우까지 있었거든요.

보육은 영리성이 없어야 해요. 국가가 보육의 기본 인프라를 만들어야 한다고 생각해요. 제대로 된 국공립어린이집이 30%는 되어서 다른 어린이집들을 이끌어가는 모델 역할을 할 수 있도록 정책이 세워져야 해요. 또 하나는 공동육아를 확산시켜야 하는 거죠. 작은 공동체들이 보육 영역에서 많이 만들어져야 해요.

그런데 드는 의문이 있습니다. 국가의 보육정책이 완벽하더라도 공동육아는 필요한 것인가요? 유럽 같이 보육의 질이 높은 곳에서도 공동육아를 하나요?

이경란 노르웨이에서는 전체 영유아 교육기관의 35%를 부모가 참여하는 협동조합이 운영하고 있고, 캐나다나 뉴질랜드, 미국, 영국 등에서도 부모들의 협동조합이 활발하게 운영되고 있어요. 국가만 아이를 돌보는 역할을 하게 되면, 가정을 연결해서 공동체문화를 만들는 건 할 수 없어요. 개인과 국가는 연결되어 있는데 개인들을 둘러싼 공동체를 형성하지 못하면 가정이 고립되는 결과를 초래해요. 공동육아어린이집은 각 가정을 연결해 고립이 아닌 협력하는 관계를 만들죠.

저희는 '자공공(自共公, 스스로 돕고 서로 도우면서 새로운 공공성을 만들어가자. 문화인류학자 조한혜정이 창안한 개념)'이라고 표현해요. 일반적으로 공공성이라고 하면 국가의 역할만 이야기하는데, 지역사회와 작은 공동체들, 그 안의 개인들도 역할이 있어요.

하지만 부모들이 공동육아어린이집을 하고 싶어도 걸리는 것들이 있어요. 무엇보다 돈과 시간일 텐데요. 부모들이 높은 출자금액 때문에 참여를 망설이거나, 바쁜 직장업무로 어린이집이 육아를 전담해줬으면 하고 바라는 마음도 큰 것 같거든요.

이경란 큰 걸림돌은 항상 돈이죠. 공동육아어린이집을 어떻게 확산할까 고민할 때 벽에 부딪히는 부분이 바로 돈 문제예요. 아이들을 기를 수 있는 공간을 마련하는 문제가 가장 중요한데, 거기에 적합한 사업방식을 찾아낸 게 협동조합 모델이고, 그래서 출자금이란 것도 생겼어요. 우리어린이집 때는 앞서 말씀드린 것처럼 300만 원씩 출자했어요. 그리고 나올 때는 100만 원을 기금으로 놓고 나왔어요. 도토리방과후는 150만 원을 내고 50만 원을 기금으로 놓고 나왔고요. 이건 신뢰의 문제예요. 처음에는 돈을 내기가 쉽지 않은데, 나갈 때는 기금으로 쌓으라며 다들 돈을 선뜻 내거든요. 공동육아가 얼마나 소중한지 경험하면서 알게 되는 거죠. 그렇게 선배들이 놓고 간 출자금 덕분에 공동육아어린이집의 문턱이 조금씩 낮아지고 있어요. 물론 무상교육이라는 용어가 확산되고 있는 상황에서는 돈을 내는 것 자체만으로도 문턱이 높다고 느낄 수 있지만요.

공동육아어린이집이 중산층 모델이 아니냐는 질문은 초기부터 받아 왔어요. 그래서 어떤 곳에서는 '차등보육료' 제도를 시행해 돈을 많이 버는 사람과 적게 버는 사람에게 보육료를 차등적으로 받기도 했어요. 부모들의 소득 수준에 관해서는 이사회만 알고요. 그 덕분에 급여가 적은 시민단체 상근자들도 공동육아를 함께할 수 있었죠.

그런데 부동산 가격은 계속 오르고 마당 있는 집은 계속 사라지고 있으니 돈에 대한 문제가 해결되지 않는 거예요. 부모들은 할 수 있는 수준에서 최선의 노력을 하고 있다고 볼 수 있어요. 그렇다면 그 다음은 국가가 나서야죠. 공동육아의 사회적 역할을 인정하고 있는 만큼 공간에 대한 지원과 같은 하드웨어는 정부와 지자체가 챙겨야 할 영역이라고 보고 있어요. 2000년대 중반 이후로 정부에 유휴지를 저리(低利)로 임대해주는 정책을 취하거나 장기저리금융을 하게 해달라고 요구해왔어요. 아니면 공간을 얻어서 건물을 짓고 나중에 기부채납을 할 수도 있고요. 별의별 생각을 다 했던 거죠. 안타깝게도 정부의 실질적인 지원은 거의 받아본 적이 없어요.

바빠서 공동육아가 힘들다고 하는 사람들에 대한 배려는 없나요?

이경란 실제 부모들이 바빠요. 영유아기 부모는 우리 사회에서 가

부모들은 공동육아협동조합에 참여하면서 바쁜 시간 속에서도
자발적으로 참여하는 즐거움을 깨달아간다.

장 바쁜 사람들이에요. 사회 초년생으로 직장에 취직해서 일도 배워야 하고요. 둘이 사는 것도 연습 중인데 셋이 되고, 체력은 계속 떨어지고, 가사부터 온갖 안 하던 일도 해야 하니까요.

그래서 실제로 시간 문제로 논쟁이 잘 벌어져요. 예를 들면 초기에는 청소를 조합원들이 직접 해야 되느냐 아니면 용역을 쓸 것이냐 하는 것도 큰 논쟁거리였어요. 'n분의 1'로 역할을 나눠야 된다는 의견도 나왔고요. 공동육아어린이집 경험이 어느 정도 쌓인 후에야 이 문제를 어떻게 해결해야 하는지 알게 됐죠.

성숙된 조합에서는 부모들을 그렇게 많이 괴롭히지 않아요. 왜냐하면 각자 사정들을 충분히 이해하면서 자발적으로 참여하는 즐거움을 느낄 수 있도록 이끌어가거든요. 바깥에서 회사 사람들과 술 마시는 것보다 어린이집 부모들과 만남이 더 즐거우면 자연스럽게 조합에 참여하게 되는 거죠.

그걸 못 하는 조직에서 'n분의 1' 문화가 나오는 거예요. 지금 당장 눈앞의 일밖에 못 보는 겁니다. 뺀질대던 사람이 어느 순간 혹 들어와서 일을 열심히 하는 걸 볼 때가 많아요. 사람마다 '때'가 다른데, 기다려주면 언젠가 마음이 열려요. 그런 경험이 약해 갈등만 겪고 있는 조직은 모든 것을 다 똑같이 나누는 걸로 해결하려고 하는데, 그러면 힘들어져요.

공동육아와 공동체교육에서는 최근에 갈등해결을 위한 파트를 만들어서 의사소통교육을 집중적으로 하려고 생각하고 있어요.

그러고 보면 공동육아 하는 아빠들은 다른 아빠들에 비해 적극적이에요. 아빠모임이 활발한 이유가 뭘까요?

이경란 처음에는 아빠들이 대부분 엄마들의 요구에 못 이겨 들어오는데요. 막상 와서 함께 이야기하는 중에 아이들 생활에 관심이 생기고 눈이 뜨이는 과정을 겪어요. 아빠들이 어린이집 시설을 담당하는데, 주말에는 목공하고 수리한 뒤 오후에 축구도 하고 함께 술 마시며 친해져요. 그때 아빠들이 똑같은 경험을 해요. 직장 사람들과는 아무리 술 마셔도 자기 약점이나 가족, 아이 이야기는 하지 않고 쓸데없는 이야기만 하고 오는데, 어린이집 아빠들과 이야기하면서는 해방감을 느끼는 거예요.

자연스럽게 퇴근시간이 빨라지기도 해요. '시간이 없다'라는 것을 다르게 해석할 수 있게 되더라고요. 시간의 분배와 우선순위를 어디에 두는가의 문제인데, 바쁘면 사정에 따라 다 조정이 돼요. 협동조합이잖아요. 이걸 경험하면 "시간 없다"라는 말 대신 "인간답게 살 수 있다"라고 이야기하죠.

협동조합에서 경험을 쌓아 자기 직장에서 고위급까지 올라가는 사람도 있어요. 회사에 올인하지 않았는데도 야근 많이 안했는데도 일을 잘하거든요. 조합에서 사람들의 의견을 조율해 회의하고 조직 운영한 걸 회사 가서 적용하면, 어떻게 이렇게 잘하느냐는 이야기를 듣게 되죠. 아빠들끼리 사는 얘기를 하면서 사업 아이템이 자연스레 나오는 경우도 많고요.

누구나 누리는 공동육아로
결국 해답은 마을

공동육아가 지향점이 옳다고 해도 경계해야 할 건 있겠죠? 부모와 교사 외에 지역사회도 공동육아협동조합의 구성원이 되어야 한다고 주장한 것 역시 그런 맥락인가요?

이경란 맞아요. 공공성을 견지하기 위해서예요. 경험으로 볼 때 부모와 교사만으로 공동육아협동조합을 운영했을 때 오는 한계가 있어요. 이익집단화 되어버릴 수 있거든요. 중산층 중심의 부모들만 모여 어떤 의사결정을 할 때 돈으로만 문제를 해결하는 방향으로 간다거나, 교사들도 초기 공동육아에서는 한 명 한 명이 운동가였지만 최근에는 단지 '좋은' 직업이라 선택하는 경우들이 있고요.

그렇기 때문에 더 많은 사람들이 함께해서 왜 이 운동을 하는가에 대한 문제의식을 얘기하지 않으면 건강성을 잃을 가능성이 있어요. 이건 모든 협동조합운동이 직면하는 과제일 텐데, 공동육아는 구성원이 소수라서 더 그래요. 이 문제를 해결할 수 있는 역할이 후원자로 지역에서 활동하는 조합원들에게 있을 거라고 봐요. 특히 공동육아어린이집에 기금을 놓고 가는 졸업생들의 결합이 중요해요. 어린이집을 넘어서 방과후에 대한 고민, 지역사회에 대한 고민으로까지 확장될 수 있거든요.

하지만 어린이집 단계의 부모들은 거기까지 생각하기가 쉽지 않아요. 대개의 경우 내 아이 중심적이기 때문에 아이 연령이 세 살이면 세 살 이상의 미래로 생각을 확장하기가 어려워요. 그래서 졸업생을 포함한 지역주민이 후원자 조합원이 되는 조합원제도로 바뀌어야 하는데, 조합원 범위에 대해 보건복지부와 의견 차이가 있어요. 현재는 협동조합 기본법에 따라 '공동육아사회적협동조합'으로 제도화되어 있는데, 부모와 교사에게만 조합원 자격이 있거든요. 앞으로 풀어야 할 과제에요.

공동육아의 문턱을 낮추기 위해 국공립어린이집 위탁 운영과 '품앗이 공동육아' 지원도 함께 진행하고 있는 걸로 알고 있어요.

이경란 아무래도 출자금 문제를 완전히 해결할 수 없는 현재의 구조에서는 공동육아어린이집을 확산하는 데 한계가 있어요. 그래서 국공립어린이집을 위탁받아서 운영하는 '공동육아국공립어린이집 모델'을 만들고 있어요. 국공립어린이집 안에 부모참여, 민주적 의사결정 구조, 교사의 협력 구조 같은 공동육아어린이집의 장점들을 정착시키는 일이에요. 그게 사회적으로 공동육아어린이집의 방식을 확산하는 거라고 생각해서 8년째 진행 중이에요.

마포에 있는 성미어린이집은 기존에 다른 곳에서 위탁받아 운영하던 구립어린이집을 저희가 위탁받아 2009년부터 운영 중인데요. 2015년 영유아보육법에 어린이집 CCTV 설치가 의무화되었을 때, 이곳은 부모들이 모두 동의하여 어린이집에 CCTV를 안 달기로 결정을 했어요(법적으로 부모 전원과 운영자가 동의하면 CCTV를 설치하지 않을 수 있도록 되어 있다). 협동조합이 운영하는 어린이집이 아니지만, 공동육아로 살아오면서 신뢰관계가 형성된 거죠. 이제 "우리도 협동조합 만들까?" 하는 얘기도 나오고 있어요. 이렇게 부모들에게 변화가 일어나고, 그분들이 스스로 마을공동체를 만드는 주체가 될 때 '성공했다'고 이야기할 수 있어요.

2014년에 사회적협동조합을 설립하는 것을 전제로 위탁받아 운영했던 서울 서대문의 산마루어린이집의 경우도 성공 사례예요. 지역이 함께 사회적협동조합을 꾸려 국공립어린이집을 운영할 수 있도록 했거든요. 성남시나 화성시는 사회적협동조합 운영 방식의 국공립어린이집 정책을 만들고 있어요. 여기의 운영에 대해 저희 공동육아와공동체교육이 컨설팅하고 있지요. 국공립어린이집 속에서 다양한 방식으로 공동육아를 확산해가려 하고 있어요.

'품앗이 공동육아'는 공동육아를 더 많은 아이와 어른이 누릴 수 있는 방법 가운데 하나예요. 부모들이 공동체를 만들어서 직접 품앗이로 아이를 돌보는 방법이지요. 일주일에 한두 번 만나서 나들이를 가거나 프로그램을 기획해서 운영하는 등 다양한 방법으로 함께 아이를 돌보는 예가 늘고 있어요. 특히 아이를 보육시설에 보내지 않고 가정에서 돌보는 부모들이 고립되지 않고 아이를 함께 키울 수 있는 좋은 방법이에요. 서울시의 '마을공동체지원사업' 중에도 품앗이 공동육아가 들어있는데 공동육아와공동체교육에서 7년째 맡아 지역사회에 품앗이 공동육아 네트워크가 만들어질 수 있도록 힘쓰고 있어요.

만약 공동육아협동조합 어린이집을 계획 중인데 초기에 함께할 사람 수가 많지 않다면 품앗이 공동육아를 먼저 시작해보는 것도 좋아요. 부모들이 책을 읽으며 공부하거나 나들이 모임 등을 하며 이야기를 나누다 보면 공동육아어린이집 준비모임을 꾸릴 수 있어요. 이때 필요한 게 있으면 공동육아와공동체교육에 문의하면 상담도 해주고 교육도 지원해줘요.

대전에는 노인과 아이들이 함께하는 '뿌리와 새싹 어린이집'이 있다고 들었어요. 마을공동체를 만드는 새로운 실험인 셈인데요.

이경란 '뿌리와 새싹 어린이집'은 대전 테크노밸리에 아파트단지를 조성하는 과정에서 공동육아와공동체교육이 공동직장어린이집을 위탁하는 방식으로 시작한 어린이집인데, '뿌리'와 '새싹'이라는 말 자체가 '노인'과 '아이'라는 의미예요.

경로당 바로 옆에 어린이집이 붙어있도록 만들었어요. 노인들과

대전에 위치한 뿌리와 새싹 어린이집에서는 어린이와 노인을 중심으로 가족이 어울리는 생활공동체, 세대 간의 소통공동체, 이웃 간의 마을공동체를 만들어가고 있다.

아이들이 서로 왔다 갔다 하는 과정에서, 노인은 뒷방 늙은이가 아니라 동네 어른이 되고, 아이들은 동네 어른들로부터 도움을 받는 거죠. 공동육아어린이집에서는 아이들이 손으로 만드는 걸 많이 하는데, 노인분들이 장 담그기, 김치 담그기, 농사짓기의 전문가들이잖아요. 또 아이들 나들이 갈 때도 한 달에 한두 번 정도는 어르신들이 같이 가주시고 전래놀이도 가르쳐주시고 그래요. 그러니까 어린이집 교사들만 아이를 보는 게 아니라 지역 사람들이 아이를 돌보는 구조를 만든 거죠. 어린이와 노인을 중심으로 가족이 어울리는 생활공동체, 세대 간의 소통공동체, 이웃 간의 마을공동체를 만들어가고 있는 중이에요.

아이부터 노인까지 아우르는 따뜻한 마을을 만들고 있군요. 공동육아와

공동체교육의 '우리 아이 함께 키우기, 더불어 사는 세상 만들기' 정신이 담뿍 들어있네요. 이제 마지막 질문입니다. 공동육아로 성장한 이경란의 두 아이는 공동육아가 자신의 삶에 어떤 영향을 끼쳤다고 이야기하나요?

이경란 지금 잘 살고 있어요. 큰애가 대안학교(중등)를 졸업하고 일반고등학교로 진학했는데, 고등학생이 된 뒤 어느 날 "엄마, 나는 친구들이랑 다르게 큰 것 같아" 그러더라고요. 친구들을 보면서 자기에게는 동네가 있구나, 어렸을 때부터 함께 자란 친구가 있구나, 주변에 사람들이 많구나, 알게 된 거죠. 나중에 녀석이 조금 유식하게 "나에겐 사회자본이 많아!" 그러더군요(웃음). 군대 가서는, 그곳에 있는 사람들이 다 대학생일 줄 알았는데 고등학교 졸업하고 일을 하면서 가정생계를 책임지는 아이들이 많은 걸 보고 자신이 창피하더래요. 그러면서 굉장히 독립적이 됐어요.

하지만 우리 아이가 공동육아의 사례를 대표할 수는 없어요. 어떤 경우에는 갈등이 큰 아이도 있는데, 그런 아이들도 자기 탐색을 계속해가요. 공동육아 아이들은 자신이 어떻게 살지 어렸을 때부터 고민해요. 직장을 고민하는 건 아니고요. 어떻게 살까, 무슨 일을 하며 살까 고민을 진지하게 해 상대적으로 진로를 빨리 결정하는 편이에요. 대학에 꼭 갈 필요 없다고 주입받은 애들이라, 꼭 하고 싶은 게 있어야 대학에 가고요. 목수나 농부가 되는 아이들도 상대적으로 많아요.

이 아이들이 유리한 게, 마을에 또 다른 길이 있다는 걸 아는 거예요. 마을에서 에너지전환 기업을 꿈꿀 수도 있고, 생협, 어린이집, 학교, 모두 일자리잖아요. 마을의 공간배치나 공동주택에 관심을 가져 건축가가 되는 아이들도 있어요. 아이들이 자라 청년이 되어 공공성을 가지면서도 자기를 도울 수 있는 일자리를 찾아가는 과정을 보는 것도 공동육아의 큰 즐거움이라는 걸 요즘 새삼 느끼고 있어요.

인터뷰 후기

—

성미산마을,
그 시작은 공동육아로부터

이경란은 성미산마을의 주민이다. 이곳은 우리나라 마을공동체 가운데서 가장 유명한 곳이다. 마을의 시초는 1994년 한국사회 최초로 만들어진 공동육아협동조합 우리어린이집이었다. 이후 '날으는 어린이집', 초등학생들을 위한 도토리방과후와 '풀잎새방과후'가 연이어 마을에 들어섰고, 이 네 개의 공동육아협동조합 출신들을 중심으로 지금은 울림두레생협으로 이름을 바꾼 마포두레생협이 문을 열었다. 그 다음 해에는 성미산 개발 계획이 발표돼, 환경 파괴에 맞선 주민들의 투쟁이 일어났고, 생협이 그 중심에 섰다. 주민들이 마을을 지키는 과정에서 '성미산마을'이라는 이름도 생겨났다.

이경란 역시 성미산마을의 역사 속에 자신의 삶을 알알이 담았다. 이 마을에 무슨 매력이 있길래 사람들이 모여들고, 이경란도 수십 년째 이곳에 살고 있는 것일까?

"마을에서 떠나지 않고 뭔가를 계속 같이 하며 살고 싶을 정도로 마을사람들이 좋았어요. 활동을 이어가면서 할 수 있었던 힘은 사람 관계였어요. 그 사람들하고는 어떤 일이든 하고 싶고, 우리 아이가 마을 친구들과 계속 관계 맺으며 살았으면 좋겠다는 생각이 없었으면 이렇게 오래가지 않았을 거예요. '저 사람들하고 같이 살고 싶다'는 생각이 서로 통해 지금도 함께하고 있는 거죠."

결국은 사람이 답이었다. 하긴 교육은 세계관을 담는 건데 그게 같고, 생협 음식을 좋아하고, 이래저래 사는 모양이 같은 사람들을 어디 가서 다시 만날까? 서로가 말하는 단어 하나하나를 온전히 이해할 수 있는 사람들이 어디에 또 있을까? "아" 하면 "어" 하고 통하는 사람들 말이다.

이경란이 성미산마을에 사는 이유 하나 더.

"관심사가 계속 옮아가는 게 재밌었어요. 아이를 낳고 기르는 게 어떤 건지에서부터 시작해 가정에서의 성역할에 관한 고민, 같이 활동하는 사람들과 소통하는 법, 또 생협을 만나면서는 농업과 순환에 대한 관심, 성미산 싸움을 하면서는 생태마을을 만들기로 사고가 확장되어 갔어요. 그러면서 사람이 사람답게 행복하려면 내가 사는 공간을 변화시켜야 한다는 걸 꾸준히 알아나갔어요. 그 과정이 재밌어서 계속 여기서 살 수밖에 없었어요."

마음 맞는 사람들과 행복을 꿈꾸는 마을에서 재미있게 살았다니, 이보다 더 좋을 수 있을까 싶었다. 대한민국 곳곳에 이런 마을공동체가 더 많이 생기기를!

03

서로 돌보는 마을에 살아야 건강하다

**민들레 원장 나준식,
부이사장 김성훈에게 듣는**

지역사회 돌봄공동체 구현하는
의료복지사회적협동조합 이야기

> 당장 저부터도 대책이 없어요.
> 제가 돈을 많이 벌어놓은 것도 아니고.
> 분명히 나이 들면 아파서 병원 다니고 돌봄 받아야 될 텐데
> 어떻게 해야 할까요?
> 혼자 사는 어르신들은 물론이고 젊은 사람들도
> 돌봄이 필요할 때가 있지만
> 돌봐줄 사람이 없어요.
> 결국 지역사회에서 주민들 간의 상호돌봄체계를
> 구축하는 것이 우리 생존을 위한 유일한 길일 거예요.

민들레의료복지사회적협동조합

민들레의료복지사회적협동조합(이하 민들레)은 공동체의 가치에서 출발했다. '의사와 환자가 서로의 사정을 속속들이 아는 이웃이 되어 스스로의 건강과 마을의 건강을 지키기 위해 협동하면 좋겠다'는 생각이 그 시작이었다.

1999년부터 시작한 대전의 지역품앗이 '한밭레츠'에 한의사 노경문과 내과전문의 나준식이 회원으로 들어오면서 지역주민과 의료인이 서로 돕고 나누는 관계가 만들어졌고, 2000년 의약분업 사태가 커지면서 대안적인 의료기관을 지역에서 만들어보기로 했다. 이에 한밭레츠 회원 8명이 주축이 되어 2001년 '대전의료생협 준비모임'을 결성했고, 1년여의 노력 끝에 2002년 대전민들레의료소비자생활협동조합을 창립하고, 대전시 대덕구 법동에 의원, 한의원, 치과를 개원했다. 2007년 사회적기업으로 지정됐고, 2012년 서구 탄방동에 지점을 냈으며, 같은 해에 의료복지사회적협동조합(이하 의료사협)으로 전환했다.

민들레는 2017년 9월 현재 조합원 3580세대, 출자금 14억 원으로 성장했으며, 건강검진, 가정간호, 긴급요양, 심리상담 서비스를 제공하고, 주민참여건강증진센터를 통해 노인건강돌봄사업 등을 운영하고 있다. 또한 독거노인, 철거민, 노숙인 등을 위한 무료진료 활동, 지역민과 조합원을 대상으로 한 건강강좌 개설, 시민 대상 거리검진, 거동이 불편한 노인들을 위한 왕진, 건강리더 양성교육 등 다양한 사회공헌 활동을 하고 있다.

민들레는 2012년 최우수 사회적기업으로 대통령 표창, 2015년 우수사회적협동조합으로 기재부장관상, 2017년 최우수 사회적기업가 대통령 표창을 수상한 바 있다.

나준식 _ 민들레 원장

1967년생. 연세대 의대에 다니던 시절에는 수업을 거의 땡땡이치고 불의한 시대에 맞서 학생운동을 했다. 뒤늦게 의사로서 사회에 기여할 바가 있다는 것을 깨닫고 열심히 공부해 인턴, 레지던트 과정에서는 1등을 하기도 했다. 결혼을 하고 대전에서 대체복무를 하던 시절 공동육아와 한밭레츠에 참여하면서 뜻이 맞는 사람들과 만나게 됐다. 이들과 함께 모든 사람이 건강하게 살 수 있는 건강권을 지킬 수 있는 의료협동조합을 만들기로 하고 1년을 준비해 2002년 민들레를 창립했다. 나준식은 노숙자, 노인, 장애인 등 의료 소외계층의 건강한 삶에 큰 관심이 있어 의사로서 이들의 건강한 삶에 도움이 될 수 있는 일들을 마다하지 않으며 무료진료, 왕진뿐만 아니라 복지행정에 필요한 일들을 상담하고 처리해주면서 가까운 이웃이자 주치의로 함께했다.

2004년에는 생명·평화·존중의 가치를 추구하는 대안학교 '대전 꽃피는학교'를 조합원들과 함께 설립했고, 2006년부터는 진료에 명상 치유 프로그램을 넣어 운영하면서 암환자나 알콜 중독자를 치유했다. 나준식은 개인적 욕망과 사회적 소명을 모두 실현할 수 있는 민들레를 최초이자 최후의 직장으로 생각하고 있다.

김성훈 _ 민들레 부이사장

1972년생. 전교조 세대로 참교육을 위한 고교생운동에 참여했고 대학 입학 후에는 학생운동을 했다. 군 입대 후 고참으로부터 괴롭힘을 당하던 중 '너를 핍박하는 자를 위해 기도하고 네 원수를 사랑하라'는 구절에 크게 느낀 바가 있어 종교 공부를 시작해 제대 후 불교에 귀의하여 6개월 정도 캐나다, 미국에서 해외 포교활동을 한 적이 있다. 세계를 잘못된 방향으로 이끌고 있는 서양인들의 생각을 바꾸고자 아메리카 대륙으로 간 것이었는데, 정작 누구를 바꾸기 전에 자신에게 더 문제가 많다는 것을 깨닫고 속세로 돌아왔다.

'대전 의제 21 추진협의회' 간사를 하면서 『꿈의 도시 꾸리찌바』의 저자 박용남 선생을 만나 지역통화운동을 비롯한 대안운동을 배우면서 1999년 한밭레츠를 만들었고, 이를 계기로 사회적경제 영역에 입문했다.

김성훈은 2002년부터 민들레에서 일하는 한편, 대전 지역 시민운동에도 활발히 참여해 마을어린이도서관 만들기, 마을기업 지원, 한겨레두레공제조합 창립, 품앗이생협 창립 등의 일을 했다.

2009년 민들레를 나왔다가 2015년 복귀하여 부이사장 겸 본부장으로 일하고 있다. '사회적경제 대전플랜'의 상임대표도 맡고 있다.

I

주민들이 스스로의 건강에 주인 되는
믿음직한 병원

민들레는 전국에 20여 개 있는 의료사협 가운데 하나인데요. 의료사협이란 무엇인가요?

김성훈 우리는 아플 때만 병원에 가지만 건강이란 모두 아는 상식처럼 건강할 때부터 지켜나가야 하는 거죠. 그런데 지금 우리나라의 의료제도 아래에서는 병원은 치료만 하게 되어 있어요. '행위별 수가제'라는 게 처치나 처방에 따라 국민건강보험공단에서 돈을 주는 구조라 예방이나 건강증진 활동에는 소극적이에요. 공공의료기관도 10%가 안 돼요. 보건소가 있지만 행정 위주로 주민들을 대상화하다 보니 그 효과가 적고요. 전반적으로 의료와 건강의 문제에 주민이 능동적으로 참여할 수가 없어요. 공급자 중심이죠.

의료사협, 즉 의료복지사회적협동조합은 주민들이 스스로와 지역사회의 건강에 주인이 되는 조직이에요. 주민과 의료진이 함께 조합원이 되어 질병예방과 건강증진 활동도 하고 의료기관도 운영하는 방식이니까요. 의사 개인이 투자하거나 수익을 목적으로 사업하지 않으니까 환자 중심의 진료가 가능해져요. 또 일상에서 건강을 지킬 수 있는 예방법을 함께 실천하고, 이웃과 좋은 관계 속에서 건강을 찾을 수 있도록 마을공동체를 만드는 데도 힘쓰죠.

2000년 한밭레츠에서 서로 만난 나준식(왼쪽)과 김성훈(오른쪽)은
주민들이 스스로와 지역사회의 건강에 주인이 되는 의료협동조합을 만들기로
의기투합해 2002년 민들레를 창립했다.

　의료사협의 전신은 의료소비자생활협동조합(이하 의료생협)이에요. 1994년에 안성에 문을 연 안성의료생협이 우리나라 최초의 의료생협이고요. 이후 인천, 안산에서 잇따라 문을 열었어요. 여기까지가 1세대 의료생협이고, 2002년에 서울, 원주, 대전에서 의료생협이 생겼는데 민들레는 이때 만들어진 2세대 의료생협이에요. 1세대는 주민참여형 민주적 의료기관의 운영에 초점이 맞춰졌다면, 2세대는 지역사회 건강증진이라는 보다 확장된 개념의 의료생협이라고 볼 수 있어요.
　2012년에 의료생협에서 의료사협으로 전환한 건, 소비자생협법에 근거한 소비자조직에서 지역사회 보편의 이익을 추구하는 다중이해자 조직으로 나아가기 위해서였어요. 이는 의료, 건강이라는 주제가 상품이 아니라 그 자체로 공공재라는 인식에 기반한 것이죠.

거기다가 당시 유사 의료생협이 급증하고 있어 명확한 정체성 확립이 요구되는 시점이기도 했어요. 비의료인의 의료기관 설립이 불가능한 의료법과 달리 조합원 수와 출자금만 충족되면 쉽게 병원 문을 열 수 있는 소비자생협법의 허점을 이용해 수백 개가 넘는 무늬만 의료생협인 곳들이 생겼거든요. 이곳들이 합법적 '사무장 병원'이라고 일컬어질 정도로 불법의 온상이 돼 진료비 과다 청구, 의료 사고 등의 문제를 일으키고 있지만 일반인들이 보기에는 구분이 힘들어요. 그래서 진정한 의미의 의료생협들은 의료사협으로 전환한 상태예요.

민들레의 창립 멤버들이니, 두 사람의 역사가 곧 민들레의 역사이기도 할 텐데, 어떻게 민들레와 함께하게 되었나요?

나준식 저는 대전에 1999년 서른두 살이 되던 해에 아내와 첫째 아이와 함께 내려왔어요. 내과 전문의 과정을 마치고 병역 대체복무를 하기 위해 온 거였죠. 병무청에서 징병전담의사로 3년을 근무했어요.

대전에 내려올 때 계획은 대체복무를 마치고 인도로 떠나는 거였어요. 인도와 같은 의료취약 지역에서 의사로서 어떻게 살아야 하는지 제대로 배워보겠다는 꿈이 있었거든요. 제가 의대에 다닐 때는 수업 땡땡이 잘 치는 불량 학생이었어요. 사회 기득권층이 되는 의사가 싫어 방황했던 거죠. 그러다가 나중에 아픈 사람들이, 아픈 세상이 눈에 보이고 나서야 정신을 차렸어요. 뒤늦게 열심히 공부해서 인턴, 레지던트 때는 1등도 하고 그랬어요(웃음). 그렇게 인도 갈 준비를 하다가 대전에서 인생경로가 달라졌어요.

대전에 내려와 공동체 속에서 아이를 키우기 위해 공동육아를 하게 됐고, 비전향 장기수 어르신과 인연으로 지역 품앗이운동인 '한밭레츠'에도 참여했어요. 인도에 안 가고 대전에 남게 된 데는 두 가지 이유가 있었어요. 하나는 공동육아, 한밭레츠 등의 지역공동체에서 이웃들과 같이 사는 경험을 하면서 제가 있어야 할 곳은 함께할 이웃이 있는 곳이라는 깨달음을 얻었기 때문이에요. 회오리(김성훈의 별명)는 "여기 할 일이 있고 함께할 우리가 있는데, 인도 핑계 대고 도망가지 말라"라고 저에게 직격탄을 날렸죠.

또 하나는 대체복무가 1년쯤 남았을 때인 2000년에 일어난 의약분업 사태와 관련이 있어요. 의사들이 연일 파업하는 뉴스를 보며 한밭레츠 사람들이랑 날마다 토론을 벌였는데, 정작 건강할 권리를 가진 주민들이 이 문제에 소외되어 있더라고요. 그래서 "우리가 의료인과 주민이 서로 신뢰하면서 건강을 돌보는 좋은 병원을 한번 만들어보자" 했어요. 그러고는 의료협동조합을 시작하게 된 거죠.

김성훈 수박(나준식의 별명) 말처럼 우리는 2000년도에 한밭레츠에서 서로 만났어요. 한밭레츠를 잠시 소개하자면, 자신이 잘하는 노동이나 소유한 물품을 이를 필요로 하는 다른 사람에게 제공하고, 자신도 다른 사람으로부터 필요한 노동과 물품을 제공받는 다자간 품앗이 제도예요. 회원들이 자신의 노동과 물품을 지역화폐인 '두루'로 거래하죠.

수박은 병무청에 근무할 때부터 한밭레츠 회원들의 주치의 역할을 했어요. 자신이나 가족이 아플 때마다 한밭레츠 회원들은 수박을 먼저 찾았어요. 의사라는 사람들은 언제나 좀 어려운 존재였는데 수박은 동네 형처럼 우리와 지냈어요. 속 깊은 이야기부터 생활의 자잘한 것들까지 나누면서요. 그런데 그런 동네 형이 유수한 대학병원의 내과 전문의로 최우수 전공의상도 받은 사람인 거예요. 더군다나 그 부인인 딸기(민들레 가정의학과 전문의 허애령의 별명)도 그런 마음 따뜻한 의사였고요.

어쩌면 저나 한밭레츠 회원들은 이기적인 마음에 수박의 바짓가랑이를 붙잡고 늘어진 거죠. 그래 놓고 정작 민들레를 만들 때는 수박더러 바나나(민들레 전 전문이사 조병민의 별명)와 함께 조직, 홍보, 재정까지 다 맡으라고 했어요. 저는 준비가 거의 끝났을 때 결합했어요.

얼마 전 아버지가 민들레에서 암이 발견되어 세브란스 병원에 입원하게 되었는데 수박의 대학동기가 저명한 교수님이 되어 수많은 의료진들을 이끌고 회진하는 모습을 보고 갑자기 울컥했어요. 수박도 저렇게 될 수 있었는데 가난한 동네에서 못난 동지들과 고군분투하는 삶을 살고 있구나, 참 미안한 마음이 들더라구요. 그 이야기를 했더니 수박이 그러더군요. "난 3500세대의 조합원이 있잖아!"

민들레에 대한 기사를 찾아보면 항상 등장하는 말이 '항생제를 적게 쓰는 병원'이에요. 민들레의 항생제 사용 비중은 전국 평균 45%를 크게 밑도는 8%로 알고 있어요. 진료의 원칙이 궁금합니다.

나준식 환자가 다른 병원의 처방전을 들고 오는 경우가 더러 있어요. 웬만하면 항생제가 처방되어 있는 걸 보고 많이 놀랐어요. 말로만 듣던 항생제 과용의 현실을 확인하게 되었죠.

항생제 남용은 빨리 낫는 것만 중요시하고 조금이라도 나빠지면 치료의 문제라고 보는 의료소비자와, 거기에 타협하지 않고는 의사로서 살아남기 힘든 우리 사회의 의료문화, 그런 문화를 가능하게 한 의료제도와 관련이 있어요. 이건 의사나 환자 개개인의 잘못이 아니라 구조적인 문제예요.

짧은 시간에 많은 환자를 봐야 병원이 유지될 수 있는 현재의 제도 아래에서는 환자와 의사가 신뢰를 쌓기도 힘들고, 적절한 정보 제공이나 교육이 어려우니 환자들은 항생제가 문제를 해결해줄 것이라는 잘못된 생각을 고칠 기회도 없어요. 의사들은 방어적인 진료 방식에서 벗어날 수 없고요.

제도가 왜 중요한지 예를 들어 보면, 영국은 의사와 일정한 수의 주민들이 주치의 계약을 맺어요. 그에 따라 예산이 지급되니까, 환자가 질병을 덜 앓고 병원 이용을 덜하면 덜할수록 치료에 예산이 적게 들죠. 남는 예산이 의사의 임금이라면, 의사는 어떻게든지 질병을 예방해 주민들이 병원 이용을 적게 하는 방향으로 일하게 될 거예요.

환자는 의사에게 처방만 받으러 가는 게 아니라, 현재 어떤 상황인지 확인하고 어떤 도움이 필요한지 상의하러 가는 것이라고 생각해요. 그래서 민들레는 의료사협의 '환자권리장전'을 지키고 있어요. 권리장전에는 환자가 자신의 질병에 대해 알 권리, 수술 등의 치료행위의 시행 여부를 결정할 권리, 질병의 예방 등에 대해 배울 권리, 어떠한 경우라도 최선의 진료를 받을 권리 등이 포함되어 있어요.

민들레는 의사와 환자의 신뢰관계를 바탕으로 환자의 입장을 우선적으로 생각하는 원칙적인 진료를 한 결과, 항생제 사용 비중이 8%에 불과하다.

민들레는 의사와 환자의 신뢰관계를 바탕으로 환자의 입장을 우선적으로 생각하다 보니, 조금 더 원칙적인 진료를 하게 되고, 그 결과가 항생제의 적은 사용으로 나타나는 것이라고 생각해요.

환자권리장전은 의료민주주의를 실현하기 위한 환자의 인권선언 같은 거로군요. 소문에 민들레에서는 30분씩 진료를 받을 수 있다던데 사실인가요?

나준식 그렇지는 않아요(웃음). 물론 민들레에서는 환자가 충분히 만족할 때까지 상담해요. 때로는 1분도 안 돼서 끝나기도 하고, 길게는 1시간도 걸리죠. 몸 아픈 이야기만 하는 게 아니라 속상하지만 쉽게 털어놓을 수 없는 고민들까지 상담하기도 해요. 늘 보던 분들이라 어떤 상황인지 지금 뭐가 제일 필요한지 아니까 자연스럽게 주치의가 되는 거죠. 처방전도 갖가지예요. 진료실에서 함께 음악도 듣고, 얼굴 파묻고 실컷 울게도 하고, 명상호흡도 하고, 좋아하는 것을 적어 오거나 남편의 좋은 점을 찾아오는 숙제를 내기도 해요. 같이 춤출 때도 있고, 진료실에서 셀카를 같이 찍거나, 저를 만나면 생기가 돋는 어르신은 다음 환자분에게 양해를 구하고 제가 휠체어를 밀고 댁까지 모셔다 드리기도 해요.

제가 조합원들에 대해 잘 알 수밖에 없는 게, 조합원들이 아플 때만 민들레를 찾는 게 아니라 소모임할 때도 오고, 그냥 아무 일 없이도 잘 놀러와요. 자기가 주인이니까 아무 때나 찾아오는 거예요.

주인의식이 투철한 조합원들이네요(웃음). '지역주민의 건강 자치력을 높이는 것'이 민들레의 미션이라고 들었습니다. '건강 자치력'은 생소한 표현인데, 어떤 의미일까요?

김성훈 모든 생명은 춤추고 노래하고 싶어해요. 누구나 아름다운 꽃이죠. 슈바이처가 말했듯이, '모든 사람의 내면에는 자신만의 의사가 있고' 의사는 그것을 찾도록 도울 뿐이에요. 일반 의료기관도 많고 공공의료를 담당한 보건소가 있는데도 민들레가 존재하는 이유는 지역주민이 스스로의 건강 문제를 파악하고 해결해 나갈 수 있는 힘을 갖도록 돕는 데 있어요. 이건 세계보건기구의 건강증진 개념이기도 해요. 여기에는 생활습관을 만드는 것부터 보건의료 정책에 개입해 더 좋은 방향으로 바꿔나가는 것까지도 포함되는데, 이런 실천을 건강 자치력이라고 보는 겁니다.

지역주민이 자기 건강의 주인공일 뿐만 아니라 지역의 건강 자치력을 높여나가는 데 기여할 수 있도록 하자는 게 민들레의 미션인 거죠. 환자권리장전의 마지막 내용은 '참가하고 협동할 권리'예요. 모든 환자는 의료 종사자와 함께 힘을 합쳐 환자의 권리를 지키고 발전시켜 나갈 권리가 있다는 내용입니다. 스스로를 세우고 서로를 살리기 위해 협동하고 연대하자는 거고, 결국 건강 자치력과 같은 맥락이지요.

나부터 시작하는 건강 나눔
나누면 자꾸만 좋아지는 건강

이제 민들레가 문을 연 지 15년째인데 항상 순항만 하지는 않았겠지요? 난관에 부딪혔던 적이 있었나요?

나준식 무지에서 온 위기가 있었어요. 민들레를 세우고 얼마 안 된 초기의 일이었어요. 그때는 밖에 나가서 진료할 때가 많았어요. 병원에 오기 힘든 분들을 직접 찾아가 가정방문 진료를 하고, 철거민들을 대상으로 무료진료를 하기도 했어요.

또 의료보험이 없는 노숙인들이 찾아오면 간호사 명의로 약을 처방해주기도 했고, 의원과 한의원을 같은 층에서 운영하면서 진료한 부분을 함께 청구한 적도 있었어요. 한의원 환자가 의원의 물리치료실에서 물리치료를 받으면 의원에서도 청구를 한 거죠. 국가검진이 없던

민들레에서는 환자가 충분히 만족할 때까지 상담한다. 몸 아픈 이야기만 하는 게 아니라 속상하지만 쉽게 털어놓을 수 없는 고민들까지도 털어놓는 시간이다.

시절에 조합원들의 비급여 검진 부분을 보험 적용하기 위해 무리하게 청구한 적도 있었어요. 의료법이나 병원 운영에 대해 너무 몰랐던 거죠. 이런 일들로 행정처분을 받으면서 민들레가 문을 닫을 뻔했어요.

조합원들을 만나 그때까지 있었던 일을 모두 공개하고 사죄를 했어요. 조합원들이 잘하려고 하다가 그리 된 일이니 함께 해결하자며 품어주었기에 다시 시작할 수 있었어요.

조합원들이 큰 힘을 모아주었군요.

김성훈 당시를 떠올리면 수박한테 참 미안해요. 민들레의 모든 짐을 다 수박한테 떠넘긴 거나 진배없었거든요. 수박이라는 의사와 협동하기보다는 의지하려고만 했어요. 수박은 그 모든 것을 불평 한마디

없이 다 감당했어요. 수박도 자기 선에서 할 수 있는 최대한의 것을 하려다 무리를 하게 된 거였어요. 우리의 협동 역량은 한밭레츠에서 키워졌지만 한밭레츠는 매일, 매월 결제가 돌아오는 사업체가 아니었고, 의료기관이라는 사업체 운영에는 너무나도 서툴렀기 때문에 모든 어려움을 수박이 다 맡은 거죠.

조합원의 협동을 조직해야 할 제 책임이 컸어요. 조합원들이 함께 할 수 있도록 안내하지 못했으니까요. 그때만 생각하면 수박에게도 조합원에게도, 또 지역사회에도 참 부끄러워요. 사고가 터지자 조합원들은 그 일에 책임이 있는 저를 탓하기는커녕 오히려 문제해결을 위해 팔을 걷고 나섰어요. 그 아픈 과정을 거치면서 우리는 두 가지를 배웠어요. 정의로운 일을 하더라도 옳든 그르든 사회규범을 존중해야 한다는 것과 언제나 조합원은 옳다는 것을요.

노래교실, 옥상텃밭, 역사공부, 기타교실 등 조합원들이 만든 민들레의 소모임들이 무척 다양해요. 위원회, 마을 모임, 건강리더 활동도 조합원들이 열심히 하고 있고요. 조합원 활동이 활발한 비결이 있나요?

나준식 이제 조합원들도 민들레 활동을 한 지 오래 되어 자발적으로 소모임, 지역모임을 하면서 자신의 몸과 마음의 건강뿐 아니라 이웃과 마을의 건강까지 돌보는 데 관심을 가지기 시작했어요. 대표적인 게 건강리더 교육을 통해 주민이 주민을 돌보는 체계를 만드는 거예요.

민들레의 슬로건은 '나부터 시작하는 건강 나눔'이에요. 그 말이 저

민들레의 조합원들은 소모임, 지역모임 등을 하며 자신의 몸과 마음의 건강뿐 아니라 이웃과 마을의 건강까지 돌보는 데 관심을 가지고 있다.

희한테 굉장히 중요한 게 저희가 한밭레츠로부터 출발했잖아요. 한밭레츠에서 나눔과 연대와 협동이 일어나는 근본 원리를 배운 건데, 그러면서 어떨 때 잘 안되는지도 알았어요. 그게 어떤 때냐 하면 이 사회의 논리, 즉 계약관계를 따질 때예요. 다르게 표현하면 '네가 하는 거 봐서 내가 하겠다' 할 때죠.

그런데 나눔과 연대와 협동은 네가 하든 말든 내가 할 수 있는 것을 먼저 내놓는 것이거든요. 이게 바로 '나부터 시작한다'는 뜻이에요. 그럴 때 주인공이 되는 거고, 그런 주인공들이 한 사람 한 사람 모일 때 민들레 홀씨처럼 세상에 널리 나눔을 실천할 수 있지 않을까 해요. 그래서 조합원들에게 "주인공이 되자"라고 이야기하지요. 주인공의 마음이 민들레 조합원들에게 정착이 된 게 나눔과 연대 활동이 활발한 비결이겠죠.

그래서인지 민들레는 다른 의료사협과 비교하더라도 사회적 약자를 위한 무료진료라든가 의료 소외계층을 위한 활동이 많아 2012년에는 '올해의 우수 사회적기업 시상식'에서 최고상인 대통령 표창을 수상하기도 했습니다. 건강의 범위를 나에서 이웃으로, 이웃에서 사회로 확장해나간 결과일 테지요?

김성훈 의료사협의 건강관 가운데 하나가 '아픔을 중심에 두고 자기를 극복하는 힘'이에요. 건강과 질병을 이분법으로 나누어 생각하지 않고 한 개인이 아픔이라는 계기를 통해서 자기 삶을 되짚으며 극복해가는 힘이 '건강'이라는 거죠. 사람이 아예 아프지 않을 수는 없으니까요.

마찬가지로 지역사회 차원에서도 제일 아픈 사람들이 어디 있는지를 보는 거예요. 사회가 그분들을 중심에 두면서 건강을 위해 애쓰는 과정에 공동체가 만들어져요. 아픔의 원인을 살펴보면서 해결책을 만들다 보면 건강한 사회로 가는 길이 보이겠죠.

또 아프다고 해서 일방적으로 돌봄을 받기만 하는 것은 아닐거예요. 아픔을 통해 타인의 아픔에도 잘 공감하게 되고, 타인의 아픔을 돌보면서 나의 아픔을 이겨나가는 과정이 우리가 건강하게 존재할 수 있는 방법이라고 생각해요.

슬프고 괴로운 죽음 대신
인생을 완성하는 아름다운 죽음 준비하기

건강한 사회를 위한 노력 가운데서도 특히 노인돌봄에 많은 노력을 기울이고 있는 것으로 압니다. 어떤 일들을 하고 있나요?

나준식 어르신들이 겪는 어려움 중에는 생활과 관련한 복지 문제도 있지만 건강 문제가 핵심이에요. 하지만 주민센터나 구청, 복지관 등에서 의료와 관련해서는 뚜렷한 제도나 노력이 별로 없어요. 어르신들 입장에서는 생활뿐 아니라 건강까지 함께 연계된 지원이 있어야 실질적인 도움이 되거든요.

그래서 복지와 의료, 지역사회를 통합적으로 보는 의료사협으로서 우리가 시스템을 한번 만들어보기로 했어요. 어르신들을 서비스의 수요자로서만 보고 공급자 입장에서 어떤 서비스를 제공할 것인가만 고려하는 것이 아니라, 어르신들의 필요와 욕구에서 출발해 서로 이웃으로 관계 맺고 필요한 것들을 나누고 돌보는 시스템요. 거기에 민들레가 그동안 진행해온 '노인방문 주치의' 사업 경험이 중요한 노하우가 되고 있습니다.

민들레는 지역사회 주치의로서 어르신의 건강한 삶과 존엄한 노년을 위해 필요한 역할을 꾸준히 해나갈 거예요.

김성훈 현재 노인돌봄 사업의 기본관점은 '지역사회에서 나이들기 (aging in place)'입니다. 우리보다 먼저 고령사회에 진입한 일본의 경험을

민들레에서는 건강리더 양성을 통해 주민이 주민을 돌보는 시스템을 만들어 지역에서 안전하고 편안하게 나이 드는 일이 가능할 수 있도록 노력하고 있다.

보면, '잃어버린 20년'이라고 불리는 장기간의 불황에도 저축을 열심히 해서 노후를 대비한 연금 생활자들이 많았는데 이분들이 돌아가시기 몇 년 전에 이미 모아둔 돈을 다 쓰고 병원에 혼자 버려지는 '병원 난민'이 됐다고 하거든요. 몸도 관계도 다 망가진 채 그렇게 죽을 수는 없잖아요?

우리는 일본의 사례로부터 배우려고 해요. 일본은 지역거점마다 '지역포괄 케어센터'를 운영하고 의료생협에서 조합원들이 건강반을 꾸리고 있어요. 지역사회 공동체를 만드는 거죠.

민들레에서는 앞서 언급했던 건강리더 양성을 통해 주민참여 통합사례 관리 모델, 즉 소생활권 건강공동체(micro health community, MHC)를 만들고 있어요. 건강과 관계, 마을공동체에 대한 교육과정을 이수한 주민들이 자신의 생활권 인근의 어르신들을 만나 아프거나 불편한 점에 대해 소통하는, 5~10명 단위의 건강반을 조직하는 거예요. 그 과정에서 알게 된 의료와 복지의 문제 등에 대해 건강반이 민들레의 주민참여건강증진센터에 상시적으로 피드백 하고, 전문가나 공급기관만이 아니라 주민이 자기 목소리를 내는 사례회의를 정기적으로 열어요.

돌봄공동체가 잘 만들어질 수 있도록 '건강의 집'이라는 새로운 시스템도 도입했다고 들었습니다.

김성훈 유럽 등지에는 돌봄이나 의료보건 영역에 특화된 '타임뱅크(time bank)'라는 지역화폐가 있어요. 서로가 서로에게 필요한 노동을 주고받으며 지역화폐를 쓰는 건 한밭레츠의 근거가 된 레츠(local exchange trading system, LETS)와 비슷한데, 가치체계가 달라요. 레츠는 현행 화폐와 일대일 가치체계를 갖고 있기 때문에 사회의 불평등한 가치체계가 그대로 반복될 수 있다는 문제가 있어요. 그러나 타임뱅크의 슬로건은 '우리의 모든 시간은 평등하다'예요. 변호사의 1시간이든 농부의 1시간이든 평등하다고 보는 관점이죠.

건강의 집은 타임뱅크를 근거로 하고 있어요. 지역사회 상호돌봄, 상호부조 플랫폼인데, 꼭 노인돌봄만이 아니라 다른 영역에서도 활용될 수 있을 거라고 봐요. 자기가 봉사한 시간을 저금해서 돌봄이 필요할 때 받을 수 있고 돌봄이 아닌 다른 서비스로 받을 수도 있어요. 건강의 집 시스템 안에서 어르신들 간의 '노(老)-노(老) 돌봄'이 많이 이뤄지고 있어요. 그 과정에서 어르신들도 자아실현과 연대의 경험을 하고 있답니다. 그래서 한밭레츠와 별도로 타임뱅크를 민들레에서 직접 하기로 한 거예요. 2016년에는 사회적기업 클라우드 펀딩을 받아 '청춘은행'을 만들었고, '봄'이라는 시간단위 화폐를 사용하고 있어요. 봄은 'spring', 'seeing', 'care'의 의미예요. 애플리케이션도 만들었어요.

노후를 걱정하는 현대인들에게 민들레가 제시하는 상호돌봄 모델은 큰 자극과 희망이 될 거 같아요. 돌봄공동체를 만드는 작업은 이제 시작 단계인데, 특히 중요하게 생각하는 점이 있다면 무엇인가요?

나준식 돌봄 과정에서 조심할 건, 돌봄은 결과가 아니라 과정이기 때문에 서로 예의를 지켜야 하고 상대의 기분을 헤아려야 한다는 점이에요. 편하게 이야기한 건데 자기 자랑이 되어 듣는 사람이 상실감이나 박탈감을 느낄 수도 있거든요.

최고의 복지는 사람에게 자존심과 자긍심을 키워주는 거고, 최악의 복지는 사람에게 수치심을 주는 거라는 말을 들은 적이 있어요. 저는 그 말에 굉장히 중요한 의미가 있다고 봐요. 건강의 집의 돌봄에서도 꼭 명심해야 하는 부분이죠.

또 하나 말씀드리고 싶은 건 노년의 삶에서 중요한 게 많지만, 핵심은 죽음을 준비하는 일이라는 거예요. '삶을 어떻게 정리할 것인가', '죽음을 어떻게 맞이할 것인가'에 대해 더 많이 이야기해야 해요. 그래야 죽음에 대한 두려움으로 겪는 고통에서 벗어날 수 있고, 그렇게 자신의 고통을 수용할 수 있으면 남을 돌볼 수 있어요.

하지만 현재의 상황에서는 죽음에 대해 고민할 여력이 없어요. 노인들이 자기 노후를 책임지기 위해서 계속 지원을 쫓아다녀야 하는 상황이에요. 어떻게든 돌봄서비스를 받기 위해 애써야 하고, 월세를 내기 위해서는 수급이라도 받아야 하는 빠듯한 삶이죠. 물론 유럽처럼 복지시스템이나 제도가 갖춰져서 노후생활의 여유를 만들어야겠지만 그것만으로는 부족해요.

제도에 더해 문화가 필요하다고 봐요. 질병이 있다면 당연히 적절한 도움을 받아야겠지만, 사고의 전환이 필요해요. 질병을 겪는 상황이 고통이 아니라 죽음에 이르는 길이라고 생각하고 의미 있게 시간을 보내는 방법을 고민해야 해요.

그런 맥락에서 죽음준비 학교인 '완생(完生)학교'를 하고 있는 거군요.

김성훈 자신만 생각하면서 어리석게 살지 않고 인생의 마지막에 삶을 성찰하면서 보다 큰 '나'를 만날 수 있으면 좋겠다고 생각했어요. 돌아가실 때까지 자기 자신의 존재에 대한 이해나 새로운 차원의 깨달음이 열리지 않는 건 비극이니까요.

완생학교는 삶의 전 과정을 잘 되돌아보며 성찰과 깨달음을 잘할 수 있도록 돕는 학교예요. 각자가 자기 삶의 주인인 것처럼 죽음에 대해서도 적극적으로 인식하고 성찰을 얻을 수 있도록 도와주는 일련의 과정이 노인돌봄에서 중요한 부분이에요.

사전연명의료의향서 작성도 하고 있어요. 임종 직전에 정신이 없거나 상황이 급박해지기 전에 미리 준비해두는 거예요. 이건 젊은 사람들도 미리 작성해두면 좋죠.

"한국은 죽음의 질이 낮다"라고 쓴 나준식의 글을 보았습니다.

나준식 현재는 대부분 병원에서 죽음을 맞이하고 있잖아요. 천편일률적인 장례식이죠. 마지막 가는 길에 선택의 여지가 별로 없어요. 죽은 후의 과정들이 별 거 아닌 것 같지만 젊은 사람들은 그걸 보면서 죽음이 이런 거구나 생각하거든요.

죽음을 축제로 만들 수도 있어요. 저희 어머님 장례식 때 민들레 전 이사장님이 부고봉투에다가 '춤추고 노래하자'고 쓰셨어요. 실제로 그렇게 하지는 못했지만, 그랬으면 좋았겠다고 지금도 생각해요. 그러니까 죽는 게 끝이고 완전한 상실이고 마냥 피하고 싶은 그런 게 아니라는 거죠.

지금은 대개의 장례식이 상주를 보고 찾아가고 돌아가신 어르신이 누군지 잘 모르지만, 어르신과 젊은 사람들이 어울려 살았던 공동체에서라면 그 추억과 관계가 더욱 풍성하겠죠. 예를 들어 생전 사진을 빔프로젝터로 띄워 공유하는 시간을 가지면, 살아있는 사람들도 자신의 삶을 돌아보며 모두가 함께 죽음을 준비하는 과정이 되지 않을까 싶어요.

장례식이 함께 공유하는 축제처럼 치러진다면 그 또한 공동체의 자산이 되겠군요. 마지막으로 민들레가 나준식과 김성훈의 삶에 어떤 의미인지를 듣는 것으로 인터뷰를 마치도록 하겠습니다.

나준식 사람들이 가끔 민들레에서 일하는 게 뭐가 좋으냐고 물을

완생학교에서는 '삶을 어떻게 정리할 것인가', '죽음을 어떻게 맞이할 것인가'에 대해 이야기하며 깨달음을 얻도록 돕는다.

때가 있어요. 다른 곳에서 일하는 의사들보다 상대적으로 월급은 적지만 자존감이 높아지는 게 좋아요. 제가 생각하는 가치 있는 일을 매일매일 할 수 있는 곳이고, 사람들과 부대끼며 배우는 것들, 재미있는 일들이 여기서는 참 많아요.

민들레의 조합원들이 늘어나면서 잘 모르는 조합원들이 생길 정도로 조직이 커져서 초기만큼 협동이 안되는 게 아닌가, 우리가 제대로 길을 가고 있는 건가 의구심이 들 때도 있어요. 그래도 힘들 때마다 함께 이겨왔던 조합원들과 걸어가는 길이기에 걱정 없어요. 아마 민들레는 제 인생 최초의 직장이자 최후의 직장이 되지 않을까 싶어요. 그게 제 바람이에요.

김성훈 저는 평생 수박 곁에 빌붙고 싶어요(웃음).

인터뷰 후기

—

품앗이하며
두루두루 함께 살아요

민들레와 떼려야 뗄 수 없는 곳이 한밭레츠이다. 인터뷰 하는 내내 한밭레츠가 불쑥불쑥 튀어나왔기에 그 존재가 궁금했다.

김성훈이 한밭레츠의 초동 멤버이고, 나준식도 한밭레츠 초창기 멤버이다. 나준식은 대체복무를 하던 시절 한밭레츠를 알게 된 후 큰 감동을 받았다고 한다. 나준식의 평소 고민이 어려운 형편의 사람을 진료할 때면 자신이 높은 사람도 아닌데 마치 시혜를 베푸는 것 같이 느껴져 불편한 거였는데, 한밭레츠에서는 서로 잘하는 걸 나누니 행위의 높낮음이 없어 좋았단다.

대체 어떤 조직이길래 그렇게 느꼈을까? 한밭레츠의 지역화폐인 '두루'가 돌고도는 과정을 김성훈에게 들어보았다.

"두루는 형체가 없는 가상의 화폐인데요. 예를 들어 B가 만든 천연염색 스카프를 A가 3만 두루를 주고 샀어요. 그러면 A는 '-3만 두루'가 돼요. A는 다 읽은 책과 아이들 장난감을 팔아 7천 두루를 벌어요. 이제 A의 두루는 '-2만 3천 두루'예요. 스카프를 팔아 '+3만 두루'였던 B는 민들레에서 6천 두루를 진료비로 사용하고 '+2만 4천 두루'가 돼요. 이런 식으로 한밭레츠 회원들은 자신들의 노동과 물건을 두루로 사고팔아요. 회원들끼리의 거래말고도 의원, 한의원, 약국, 음식점, 인쇄소, 미용실 등 한밭레츠 가맹점에서는 두루를 자유롭게 사용할 수 있어요. 재활용품, 노동력 같은 경우에는 두루를 100% 사용할 수 있고, 그 외에는 거래액의 30%에 두루를 쓸 수 있어요. 민들레에서도 두루로 결제할 수 있어요. 민들레도 직원들에게 월급을 줄 때 현금에 더해 5만 두루를 줘요."

두루의 거래는 주로 한밭레츠 홈페이지에서 이루어진다. 홈페이지의 '거래하고 싶어요' 게시판에 자신이 팔고 싶은 것, 사고 싶은 것을 올려 거래하는데, 가격은 거래하는 사람들 사이의 합의로 결정된다.

현재 한밭레츠의 회원 수는 약 700명. 회원이 되기 전에 사람들은 자신이 팔 것이 없어서 어쩌나 걱정하는 경우가 많다고 한다. 하지만 한밭레츠의 장점 가운데 하나가 누구라도 제공할 것이 많다는 걸 일깨워주는 것이란다.

예를 들면 장보기, 정원 손질, 유아나 노인돌봄, 집안 장식, 자동차나 컴퓨터 수리 같은 서비스를 주고받을 수도 있고, 세 놓을 방, 집수리용 도구, 도서, 음반, 옷, 가구 등을 거래할 수도 있다. 시간이 많은 사람은 시간을, 시간이 없는 사람은 자신이 소유한 물품을 빌려주거나 팔면 된다.

"두루를 쓰면 현금을 아낄 수 있어 좋아요. 여기선 하찮은 일이란 없어요. 잔심부름이나 카풀로도 두루를 벌 수 있고요. 글씨를 잘 쓰는 회원은 글씨로, 사진을 잘 찍는 회원은 사진으로 두루를 벌 수 있어요. 직접 농사지은 농산물을 팔아도 되고, 요리나 뜨개질 같은 걸 회원들에게 가르치는 품앗이학교를 열어 두루를 벌 수도 있죠. 말하자면 일자리 창출 효과가 있는 셈이에요. 또 두루를 거래하며 다양한 이웃들과 사귀게 되니 자연스럽게 공동체가 만들어져요."

우리를 항상 힘들게 했던 '돈'도 공동체에서 두루두루 함께 살기 위한 목적으로 쓰이니 더 없이 멋진 도구가 될 수 있구나 싶었다. 나준식과 김성훈은, 민들레가 한밭레츠로부터 출생하였으니 이제 장성한 민들레가 한밭레츠에 보은할 차례라고 말했다. 민들레에서 시작한 타임뱅크 청춘은행이 제 역할을 잘해 지역사회 상호부조 돌봄시스템 구축에 한몫하는 게 그 보은의 길이란다.

04

마을에 '기술' 들어갑니다!

**마을에너지연구소장
안병일에게 듣는**

인간과 환경, 마을을 위한
쏠쏠한 적정기술 이야기

> 만약 과학기술이 돈이 없어도 추울 때는 따뜻하게,
> 더울 때는 시원하게 지낼 수 있는 방법을 알려주고,
> 깨끗한 물을 언제든지 마시는 방법과
> 어두울 때 불을 켜는 방법 등 사람들이 행복을 누리기 위해
> 기본적으로 필요한 것들을 가르쳐준다면
> 얼마나 좋을까요?
> 이런 인간을 위한 기술들이 바로 적정기술이에요.
> 사용하는 사람들이 스스로 만들고 고칠 수 있는 간단한 기술이자
> 전기나 물이 많이 필요 없어 값이 싼 기술,
> 화석연료나 핵발전에 의존하지 않는 기술,
> 그리고 사용하는 사람들의 문화나 생활습관에
> 잘 맞는 기술이지요.

마을에너지연구소

자연에서 오는 재생에너지는 다양하며 마을마다 문화적·환경적·주체적 조건이 다르기 때문에 재생에너지를 마을에 적용하는 방법도 제각각일 수밖에 없다. 그럼에도 불구하고 주민들에게 각 마을에 적절한 재생에너지에 대한 정보가 충분히 제공되지 않고 지자체 지원으로 업체가 설치하고 떠나버리는 게 우리 사회 재생에너지의 현주소이다. 이에 마을에너지연구소가 2016년 '친절한' 재생에너지를 마을에 전파하기 위해 문을 열었다.

마을에너지연구소의 뿌리는 2013년 천안시에 설립된 작은손적정기술협동조합(이하 작은손)이다. 작은손은 충남지역에 적정기술 보급과 전문인력을 양성하겠다는 목표로 안병일이 주도하여 설립한 국내 적정기술 분야의 2호 협동조합이다. 2013년부터 3년 동안 왕성한 활동을 펼치며 충남적정기술협동조합연합회(이하 충남적정기술연합회) 결성에 큰 기여를 한 작은손은 이후 아산시 배방읍 도시재생마을로 둥지를 옮기고 마을에 적정기술을 보급하는 것을 목표로 마을재생사업 및 교육사업에 자기 역할을 다하고 있다.

작은손이 내부 분화 과정을 거치면서 보다 전문성 있는 활동을 위해 재생에너지 컨설팅과 엔지니어링, 마을교육을 주로 진행하는 마을에너지연구소가 설립되었다.

안병일 _ 마을에너지연구소장

1965년생. 1990년 전국노동조합협의회가 결성된 시기에 학교를 그만두고 노동운동을 시작했다. 1996년부터 2004년까지 민주노총 충남본부 조직국장과 사무처장 등을 역임하며 집회와 연대사업의 실무를 맡았다. IMF 후폭풍이 거셀 때는 충남고용실업대책본부 사무처장을 맡기도 했다.

그 뒤 2010년까지 민주노동당 충남도당 사무처장, 진보신당 충남도당과 노동당 충남도당 위원장을 지냈다. 진보정당운동을 하면서 지역과 정치가 만날 수 있는 방법을 고민하다 에너지를 직접 만드는 적정기술에 매료되었다. 그전까지 안병일은 적정기술이 뭔지 알기는커녕, 기술과도 거리가 먼 사람이었지만 용감하게 변신을 시도했다.

국내 적정기술 재생에너지 분야에서 안병일이 얼마나 활발한 활동을 하는지는 그의 현 직함만 봐도 충분히 알 수 있다. 마을에너지연구소장, 충남적정기술연합회 상임이사, 해바람에너지협동조합 이사장, ㈜숲과도시 연구이사, 전환기술사회적협동조합 이사가 모두 그가 맡은 것들이다.

안병일은 2012년부터 적정기술 분야에 뛰어들어 작은손 설립과 동시에 전국의 적정기술 활동가들과 뜻을 모아 전환기술사회적협동조합 결성에 함께했고, 2년간 전환기술사회적협동조합 상임이사를 맡아 전북 완주에서 일했다. 2015년부터는 다시 충남으로 돌아와 충남적정기술연합회 상임이사로 지역활동에 매진하였다. 그 성과로 충남도청의 지원을 받아 2017년 초 충남적정기술공유센터가 건립되어 안병일은 충남적정기술연합회의 여러 활동가들과 함께 새로운 사업을 준비하느라 여념이 없다. 마을운동 및 시민사회 활동가, 충남연구원 연구원들과 충남에너지전환 집담회를 진행하며 지역에서 에너지전환의 흐름을 만드는 데도 힘쓰고 있다.

오만한 과학기술이 아니라
삐딱한 적정기술이 필요하다

원래는 지역에서 정당운동을 했다고 들었습니다. 언뜻 생각하기에 정당운동은 적정기술과 연결고리가 그다지 없어 보이는데, 어떤 계기로 적정기술 활동을 하게 되었나요?

안병일 최초 고민은 대부분의 진보정당 활동가들이 공통적으로 고민했던 지점과 같았어요. 실패한 진보정치에 대한 정치적 활로를 어디서 찾을 것인가라는 고민이었죠. 그때가 민주노동당이 분당되던 2008년 초였는데, 형편없고 지지리도 못난 반쪽짜리 붉은 진보였던 제 자신을 보면서 큰 충격에 빠졌답니다. 지구당이 중앙당의 하청계열사가 되는 방식의 정치, 폐쇄적 정파구조, 끊임없이 반복되는 백화점식 사업과 공허한 연대활동에 대해 회의가 들었고, 무엇보다 당 활동이 평

당원의 일상생활과 전혀 일치하지 못하는 '머리는 크고 몸뚱이는 작은' 현실부터 탈바꿈해야 한다는 반성을 하게 되었어요.

그러면서 진보정치의 새로운 활로를 '지역'에서 찾아야겠다는 생각을 굳히고 구체적으로 지역을 분석하기 시작했어요. 이미 환경, 복지, 빈곤 같은 전문 분야는 관련 단체가 다 있더라고요. 그런데 에너지 분야가 없었어요. 그래서 '이거다!' 한 거죠. 좀 더 공부하면서 적정기술이란 걸 알게 되었어요. 지역사회에 꼭 필요하면서도 지속적으로 실천할 수 있는 활동이고, 정치활동보다 제 체질에 더 맞는 분야라는 확신이 들었습니다.

시기적으로도 적정기술과 에너지자립운동을 본격화하는 게 필요한 상황이었어요. 화석연료와 핵에 기반한 산업화된 대용량 기술을 거부하며 지역에서 스스로 자립할 수 있는 녹색에너지를 만드는 적정기술운동을 진보정당이 먼저 시작해야겠다는 구체적 목표를 세우게 되었어요.

적정기술의 어떤 점이 그렇게 매력적이었나요?

안병일 정당활동이란 게 머리로는 세상을 다 바꿔요(웃음). 하지만 막상 제 자신의 삶의 터전을 돌아보면 바꾼 게 별로 없더라고요. 반면에 적정기술은 조금만 실력을 갖추면 제 자신의 삶도, 당원의 삶도 바꿀 수 있을 거라고 생각했어요. 지역에서 녹색정치 영역의 교두보를 마련하기 위해서는 무엇보다 실력이 있어야 한다고 생각했고, 그 실력은 바로 기술이라고 봤습니다.

안병일은 진보정당운동을 하면서 지역과 정치가 만날 수 있는 방법을 고민하다
자본이 아닌 인간을 위한 적정기술에 매료되었다.

그러다 바이오디젤에 꽂히게 된 것이죠. 전에는 상상하지도 못했던 자동차 연료를 내 스스로 만들 수 있다는 점에 이끌려 미친 듯이 여기저기 배우러 다녔어요. 그리고는 제가 진짜로 자동차 연료를 만든 거예요. 2010년부터 당원들과 함께 폐식용유로 바이오디젤을 만들어 타고 다녔어요.

당원공동체를 만들겠다고 생태건축 워크숍을 여러 차례 진행하기도 했고, 2012년에는 녹색에너지협동조합으로 당원들의 관심을 모으고자 했어요. 그러나 관점과 방향 차이로 논의가 헛돌았고, 결국 당원들의 관심만으로는 일이 성사되기 어렵다는 판단을 하고 소위 '미친놈'을 만들어 중심을 형성하고자 했어요. 그렇게 1년여간 열심히 꼬시기를 시도한 결과 9명의 적정기술팀이 탄생했어요. 이것이 작은손의 탄생 배경이랍니다.

적정기술의 가장 큰 매력이요? 바로 바이오디젤처럼 조금만 배우면 쉽게 만들 수 있다는 점이죠. 자신의 필요를 돈 주고 구매해야 하는 소비자에서 완벽하지는 않지만 생산자로 변화될 수 있다는 건 정말 큰 매력이에요.

'오만한 과학기술이 아니라 삐딱한 적정기술이 필요하다'는 글을 쓴 걸 보았어요. 보통 과학은 전문가의 영역이라고 생각해서인지 이 표현이 무척 신선하게 다가왔어요. 과학의 어떤 부분이 오만하다고 생각했고, 왜 삐딱한 적정기술이 필요한 건가요?

안병일 과학기술이 발전하는 속도가 참 대단하잖아요. 그렇지만 따져보면 과학기술이 인간과 사회를 위해 쓰이기보다는 거대 자본의 이윤창출에만 철저히 이용되거든요. 돈이 안 되면 필요 없는 과학기술이 되는 거죠. 그 결과로 우리 사회는 전기중독에 빠졌고, 기후변화와 에너지 위기라는 대책 없는 세상과 마주하게 되었어요.

만약 과학기술이 돈이 없어도 추울 때는 따뜻하게, 더울 때는 시원하게 지낼 수 있는 방법을 알려주고, 깨끗한 물을 언제든지 마시는 방법과 어두울 때 불을 켜는 방법 등 사람들이 행복을 누리기 위해 기본적으로 필요한 것들을 가르쳐준다면 얼마나 좋을까요?

이런 인간을 위한 기술들이 바로 적정기술이에요. '적정기술의 아버지'라고 불리는 E. F. 슈마허는 1960년대에 적정기술을 뭐라고 표현했냐면요. '호미와 트랙터 중간에 해당하며 인간의 노동력을 최대한 활용하는 기술, 작은 규모로 생산 가능하며 지역의 상황에 적합한 기술'이라고 정의했어요. 사용하는 사람들이 스스로 만들고 고칠 수 있는 간단한 기술이자 저렴하게 만들 수 있는 기술, 화석연료나 핵발전에 의존하지 않는 기술, 그리고 사용하는 사람들의 문화나 생활습관에 잘 맞는 기술이지요. 한마디로 지나치지도 모자라지도 않은 적정한 과학기술이란 얘기입니다.

전국의 적정기술 활동가들과 뜻을 모아 전환기술사회적협동조합을 만들 때 합의한 내용이 있어요. 대량생산, 대량소비, 대량폐기로 이어지는 현대의 산업사회에서는 인간소외와 자연에 대한 일상적인 파괴가 일어나고 있는데, 자본주의 체제와 그에 복종하는 과학기술이 그 주범이라는 거였어요. 그래서 산업사회에서 파괴된 것들의 가치를 복원하는 적정기술을 지역으로, 마을로 가지고 들어가자고 결의하게 된 거죠.

당장의 과학기술은 화석연료 없이 사는 방법을 알려주는 기술이어야 한다고 봅니다. 엄청난 소비를 부추기는 기술보다는 자원이 재생되는 속도에 맞춰 사는 법을 알려주는 기술이어야 하고요. 이러한 과학기술이 적정기술이라고 생각해요.

"적정기술에 푹 빠졌다"라고 인터뷰한 글을 보았는데, 적정기술도 분야가 많잖아요. 그 가운데 어디에 특히 푹 빠졌나요?

안병일 사실 답하기 어렵네요. 다 빠졌거든요(웃음). 초기에는 바이오디젤에 푹 빠졌다가 점차 태양열 온수기, 태양열 온풍기, 로켓스토브, 고효율 화목난로, 비전력 펌프 등 생활에 관련된 모든 분야로 확대해갔어요. 삶을 유지하는 모든 요소에 필요한 기술을 적정기술로 다시 해석해 만들 수 있기에 그 분야는 너무나 다양해요.

그런데 적정기술을 하나의 테크닉이나 제품으로 보는 경향이 많아져 걱정입니다. 무조건 스스로 만들 수 있어야 하고 저렴해야 적정기술이라는 인식도 경계하고 있어요. 제가 적정기술에 빠졌던 것은 적정기술이 지닌 인본주의적 지향과 쓰임새의 재해석 때문이었지 제품 그 자체만을 본 것은 아니었거든요.

적정기술은 삶과 사회에 적용된 기술을 재해석하는 눈이라고 생각해요. 같은 기술, 같은 제품이라도 어떤 쓰임새로 어떻게 작용하느냐에 따라 적정기술이 될 수도, 안 될 수도 있는 겁니다. 개인적 적정기술, 집단적 적정기술, 사회적 적정기술도 있는 것이고요.

예를 들면 이해가 더 수월할 것 같아요.

안병일 똑같은 물건이라도 우리나라 사람을 위해 저렴한 재료로 만든 물건이 개발도상국에서는 만들 엄두도 못 내는 비싼 물건일 수 있어요. 우리나라에서 인기가 많은 고효율 화목난로가 적정기술 제품이라고 하지만 개발도상국 주민들이 만들거나 살 수 있을까요? 결코 아닙니다. 그들에게는 전혀 필요 없는 물건일 수도 있어요. 그러므로 기술적 수준이나 외형적 결과물을 놓고 적정기술이다, 아니다를 논하는 것은 이치상 맞지 않죠. 적정기술의 적용과정과 기술적 결과물은 사용자·지리적 조건·환경적 조건·문화적 조건에 따라 다를 수밖에 없습니다. 하긴 이런 이유로 적정기술을 이해하기가 어렵다고들 하죠. 그런데 어쩝니까, 적정기술이 그런 것을요(웃음).

제가 생각하는 적정기술의 기준은 문제를 해결하는가, 필요를 충족하는가, 비용적으로 감당할 수준인가, 그 기술과 결과물을 소유하고 통제할 수 있는가입니다.

적정기술은 곧 마을기술
에너지 독립 마을을 꿈꾸다

그렇다면 국내에서 제작된 적정기술 제품에는 어떤 것들이 있나요?

안병일 고효율 화목난로가 대표적이예요. 장작을 많이 잡아먹는 문제, 유해한 연기를 너무 많이 배출하는 문제, 열효율이 낮은 문제를 해결했기 때문에 적정기술 제품이라 할 수 있어요. 일반적으로 화목난로는 나무를 쌓아 놓고 아래쪽에 불을 붙이기 때문에 연기도 많이 나고 나무가 금방 타버리고 말아요. 반면에 적정기술이 적용된 화목난로는 나무를 위에서부터 태우는 방식도 있고, 수평으로 태우는 방식도 있고, 거꾸로 태우는 방식도 있어 적은 나무로도 오랫동안 화력을 유지할 수 있어요. 더 중요한 것은 연소방식을 이해하도록 아주 친절히 설명해준다는 것이죠.

태양열 온풍기는 덩치가 크고 모양이 투박하지만 무려 40~60℃에 이르는 따뜻한 공기를 배출할 정도로 성능이 뛰어나다.

태양열 온풍기도 한때 인기를 끌었어요. 폐가구나 신발장, 고물상에서 싸게 구입한 냉장고 같은 걸로 틀을 만들고, 거기에다 철물점에서 쉽게 구할 수 있는 알루미늄 주름관에 검은색을 칠해 촘촘히 배열하면 돼요. 그러면 아래쪽 관으로 들어온 차가운 공기가 태양열로 데워져 상승하면서 실내로 유입되는 거죠. 덩치가 크고 모양도 투박하지만 무려 40~60℃에 이르는 따뜻한 공기를 배출할 정도로 성능이 뛰어나요. 고추건조기도 같은 원리로 만들 수 있어요. 전기에만 의존했던 건조기를 자연에너지로도 충분히 기능을 발휘하게 만들 수 있다는 점에서 당연히 적정기술 제품이죠.

바이오디젤은 경운기, 트랙터, 경유차에 사용할 수 있는 친환경 연료예요. 폐식용유에 메탄올과 촉매제를 섞어 화학반응을 일으킨 후 물을 이용해 여러 번 세척하면 자동차에 사용할 수 있는 고순도의 바이오디젤을 얻을 수 있어요. 바이오디젤은 화석연료의 대표격인 경유를 대체하기 때문에 적정기술입니다.

손으로 뚝딱뚝딱 만들 수 있는 것들이군요. 그래도 적정기술이라는 표현은 참 어렵습니다.

안병일 맞아요. 그래서 저는 적정기술이 마을과 공동체에 꼭 필요한 기술이라는 점에서 '마을기술'로 부르고 있어요. 마을은 도시처럼 거대하지 않죠. 마을은 삶을 영위하는 개인들이 공동체를 이루며 지역사회를 구성하는 뿌리입니다. 클 필요도 없고요. 건물이든 에너지든 먹을거리든 작은 규모로도 충분히 삶을 변화시킬 수 있는 가능성이 많아요.

예전에는 마을사람들끼리 집도 짓고 우물도 파고 그랬어요. 전기제품 고치는 전파사도 있었고, 목수와 대장장이 등 필요한 기술자들이 마을 내에 다 있었어요. 그런데 대량생산 제품들이 어르신들 밥줄을 끊었죠. 그런 의미에서 적정기술은 마을 기술자를 다시 불러들이는 기술이라고 봅니다.

그래서 저부터 마을 기술자가 되어 2016년부터 화석연료를 안 쓰고 전봇대에서 전기를 끌어오지 않아도 불편 없이 살 수 있는 작은 집을 만들고 있어요. 이 작은 집에 적정기술이 제시하는 여러 기능을 적용하고 있죠. 이런 집들이 모인 마을이 도시에서야 불가능하겠지만 농촌에서는 마음만 먹으면 가능하다는 것을 보여주고 싶은 마음도 있어요.

적정기술이 확산된다면 에너지 위기의 대안이 될 수 있어요. 핵발전소나 화력발전소가 아니더라도 재생에너지를 슬기롭게 활용할 줄

안병일이 컨테이너를 적정기술로 리모델링 해 지은 작은 집. 화석연료를 안 쓰고 전봇대에서 전기를 끌어오지 않아도 불편 없이 살 수 있는 에너지 독립 주택이다.

아는 적정기술을 보급하면 에너지자립도 먼 미래의 일이 아니라고 생각해요. 이미 유럽은 실현해나가고 있고요.

우리나라도 충분히 마을 단위에서부터 시도해볼 만해요. 경남 산청의 민들레 공동체에 있는 대안기술센터가 적정기술의 여러 요소를 적용해서 지은 대표적인 곳이에요. 여름에 자연냉방을 하기 위해 건물 뒤에 그늘벽을 만들어 환기통로를 마련했고, 태양굴뚝과 크고 작은 창호를 이용해 자연환기 구조를 만들기도 했어요. 오폐수 처리도 자연정화 방식으로 구현했죠. 현재 적정기술이 많이 보급되면서 곳곳에 적정기술이 적용된 주택들이 하나둘 나타나고 있어서 다행이에요. 우리나라 마을들에 이런 집들이 잔뜩 있다면 얼마나 멋질까요?

특히 핵발전소 문제가 대두하면서 재생에너지와 적정기술에 관심이 점점 증가하고 있어요. 실제로 적정기술 확산에 참여하는 단체나 수업받는 인원이 늘었나요?

안병일 우리나라는 2005년 크리스천과학기술포럼을 시작으로 2006년 경남 산청의 대안기술센터, 2008년 흙부대생활기술네트워크, 2009년 한밭대학교 적정기술연구소와 나눔과기술, 국경없는 과학기술자회, 귀농운동본부 등으로 이어지며 적정기술이 보급되기 시작했어요. 개별적으로 활동하던 적정기술 활동가들이 2010년부터 녹색연합이 꾸준히 개최해온 지역에너지학교와 에너지자립마을네트워크의 오프라인 워크숍에 자주 모이면서 지역운동, 녹색운동, 협동조합운동을 자연스럽게 접하며 적정기술의 확장 가능성을 확인하고 하나의 도전을 시작하게 되었어요.

그게 바로 2012년 1월 전남 담양에서 첫 선을 보인 '나는 난로다'라는 고효율 화목난로 콘테스트였습니다. 별로 선전도 안 했는데 3000명의 인파가 몰려 대성황을 이뤘죠. 적정기술의 성장 가능성과 자신감을 획득하는 계기가 되기에 충분했어요. '나는 난로다'의 성공적인 개최를 밑천 삼아 2012년 겨울에 서울 하자센터에서 40여 명의 적정기술 및 대안에너지 분야 활동가들이 결집하여 '전환기술사회적협동조합'을 결성했어요.

이때부터 본격적으로 적정기술 활동가를 양성하는 교육에 전념했어요. 제가 주도해 설립한 작은손은 앞서 말했듯 2013년에 당원, 직장인, 주부 등 아홉 명이 모여 에너지와 환경에 주력하는 적정기술을 해보자며 허름한 아파트 상가 지하에 작업장 겸 사무실을 마련했죠.

이후 연속으로 공주 두레적정기술협동조합, 홍성 얼렁뚝딱집짓기 노동자협동조합, 아하생활기술협동조합, 아산 송악에너지공방협동조합 등이 충남의 각 시군에서 창립되었고, 2015년에는 충남적정기술연합회도 결성되었어요. 현재 충남적정기술연합회는 10개 단체로 식구가 늘었어요. 충남도청에서도 적정기술의 가능성을 알아보고 전국 최초로 적정기술 확산정책을 수립했고, 해마다 시범사업을 지원하며 적정기술을 보급하고 있어요. 2017년에는 적정기술공유센터도 완공했고요.

이제는 전국적으로 확산세가 뚜렷해요. 적정기술 연합체가 5개고, 협동조합이나 단체도 28개나 된답니다. 적정기술 프로그램을 진행하는 단체들까지 합하면 이보다 훨씬 많아요. 2015년에 통계를 내본 적이 있는데 전국에서 1년 동안 열린 적정기술 워크숍이나 교육이 300회가 넘더라고요. 이건 하루에 한 번은 어디에선가 적정기술을 주제로 모임이나 교육이 진행되었다는 걸 의미하죠.

적정기술 교육이 왕성하게 이뤄지고 있군요. 그럼 교육을 받은 사람들은 어떤 활동을 하게 되나요?

안병일 교육을 원하는 사람들은 주로 귀농귀촌자가 많아요. 환경단체나 시민단체에서 온 활동가도 많고요. 대부분 에너지 감수성이 좋은 분들이라 매우 적극적이에요. 교육의 일차적인 목적은 자기 지역으로 돌아가 적정기술 전문가로 활동할 사람을 양성하는 거예요. 마을에 적정기술을 보급하려면 적정기술 활동가가 마을로 들어가 살든가 마을사람을 활동가로 만들든가 해야 하니까요. 이런 목표로 열정적으로 교육활동을 진행한 결과 정확하지는 않지만 2015년 기준으로 자기 지역에서 활동할 수 있는 사람 100명을 양성했어요. 이 가운데 30여 명 정도는 난로기술, 벽난로기술, 태양열기술, 건축기술 등의 분야에서 시공과 강의 경험을 축적하며 전문가의 대열로 들어섰어요. 매년 그 인원이 늘어나고 있는 중이고요.

벌써 100명이나 배출되었군요. 그래도 아직 더 많은 활동가가 필요한 상황인가요?

안병일 그렇죠. 우리나라는 이제야 적정기술 초창기를 지나 성장기로 넘어가는 단계에 있고, 수요에 비해 활동가가 턱없이 부족한 실정이에요. 마을에 기술자가 사라진 상황이라 크고 작은 하드웨어를 관리해줄 사람이 없거든요. 계속 돌아가는 기계는 언젠가는 고장이 나잖아요. 적정기술 제품도 설치한 뒤에는 관리와 점검을 해줘야 하는데, 농촌에는 그걸 할 수 있는 젊은 사람이 없어요. 적정기술 활동가든 기술자든 사람이 있어야 에너지자립 마을도 되는 건데 말이에요.

또 실생활에 불편 없이 사용할 수 있도록 만들려면 성능도 좋고 디자인도 좋아야 하는데, 저를 비롯해 적정기술 활동가 대부분이 40~50대고 체계적인 기술교육을 받은 사람들이 아니다 보니, 부족한 점이 자주 나타나곤 합니다. 그래서 청년 디자인그룹과 적정기술의 가치를 아는 기업, 관심 있는 과학자와 기술자, 전문연구자들이 적정기술에 적극적으로 참여하면 좋겠어요. 그래야 보다 역동적인 적정기술이 만들어질 수 있어요.

작은손은 2013년 에너지와 환경에 주력하는 적정기술을 해보기로
의기투합한 당원, 직장인, 주부 등 아홉 명에 의해 시작되었다.

조금 다른 맥락의 질문입니다. 교육 사진을 보면 나이 든 남성이 대부분인 것 같아요. 그래서인지 적정기술에 여성이 다가가기 어려운 분위기가 느껴지는데요.

안병일 주로 남성들이 많은 건 사실입니다. 지금까지의 적정기술은 주로 쇠를 자르고 붙이는 작업이 많아 남성미가 강한 기술로 인식되었어요. 화목난로에 꽂힌 남자들이 많았죠. 전국의 여러 협동조합에서도 수요를 중심으로 교육하다 보니 난로나 화덕 위주로 교육이 진행되기도 했고요.

물론 1년에 한 번씩은 다른 분야에 도전해야 한다는 반성이 있어서 그동안 천연페인트, 직조, 천연미장, 비전력 펌프, 생활목공, 자연재료 단열재 등에 도전하기도 했어요. 여성형 적정기술이 필요하다는 문제의식도 있었고요. 좌충우돌이 있었지만 천연페인트나 직조처럼 여성들이 주도하는 분야가 생겨나고 있는 것은 바람직한 일이라고 생각해요.

지속가능한 사회를 만드는
슬기로운 적정기술

적정기술이 기술이나 에너지와 관련된 지역 문제를 해결한 사례가 있나요?

안병일 2014년 말 충남적정기술연합회 차원에서 충남도청의 기후변화 안심마을 조성사업에 참여했던 게 기억에 남아요. 농촌 노인 취약계층 12가구에 생태단열 작업을 했는데요. 어르신이 기거하는 방 한 칸을 단열이 우수한 따뜻한 방으로 만들어드리는 사업이었어요. 외벽에 스티로폼 대신 볏짚을 압축한 단열재를 붙이고 황토로 마감하는 일이었어요. 압축볏짚보드는 작은손에서 직접 생산한 제품이에요. 5cm 두께의 볏짚보드는 단열 기능이 뛰어나고 친환경적인데다 반영구적이에요. 볏짚보드 덕에 어르신들이 훨씬 따뜻하게 겨울을 보낼 수 있어서 이 사업에 참여한 적정기술 활동가들이 보람을 많이 느꼈어요. 소문이 나면서 당진시와 아산시, 청양군에서도 요청을 해서 추가작업까지 하게 되었고요.

2016년에는 홍성군과 예산군의 일부 마을을 대상으로 화목보일러 연소실 개선사업을 했어요. 농가를 방문해 구형 화목보일러 화실을 리모델링 했는데 농가에서 장작 사용량이 크게 줄었다고 만족해 하셨어

북인도 지역으로 적정기술 지원 활동에 나선 적정기술 활동가들.
적정기술은 마을과 공동체에 꼭 필요한 기술이다.

요. 화실을 개선하는 건 아주 간단한 기술인데 말이죠.

　이외에도 금산 간디학교와 에너지전환 협약을 맺고 3년간 매주 적정기술 교육을 진행했고, 아산시 음봉면의 작은 마을에서는 에너지 사용량 전수조사를 통해서 에너지자립 방향을 제시하기도 했고, 멀리 북인도로 적정기술 지원 활동을 가기도 했어요. 소소하게는 적정기술 농기구를 보급해서 농사를 돕는 일도 많이 했죠.

　적정기술이 현재까지는 농촌을 중심으로 진행되고 있는 거죠?

　안병일 맞아요. 적정기술은 그 특성상 도시보다는 농촌에 적용하기 쉬워요. 농촌이야 마당도 있고 시끄러워도 되지만 도시는 사소한 것에도 민원이 넘쳐나는 동네잖아요. 소비 위주의 시스템으로 구조화된 도시는 근본적으로 자유로운 창작과 생산을 허용하지 않는 공간이에요. 그래서 도시에서의 적정기술은 처음에는 아예 생각하지도 않았어요.

지금은 생각이 좀 바뀌었어요. 사회 구성원 대다수가 살아가고 있는 곳이 도시고, 세상을 바꾸기 위해 노력하는 많은 사람들이 도시에 살고 있기 때문이에요. 모두가 농촌으로 갈 수 없으니 비록 소비만 하는 도시인이라도 적정기술에 접근할 수 있도록 안내해야 해요. 적정기술이 개인들의 자족적인 운동이 아닌 이상 도시에서도 보다 다양한 방법과 해결책으로 적정기술의 활로를 찾아야 합니다.

실제로 서울시 동작구 상도동에 있는 성대골마을에서 도시형 적정기술의 모범을 조금씩 만들어가고 있어요. '절전이 발전'이라는 구호 아래 마을절전소와 에너지마켓을 운영하고 태양열 온풍기, 태양광 발전기 등을 마을에 설치하며 에너지시민과 마을 기술자를 양성했고요. 성대골 주민, 자영업자 들이 적정기술을 매개로 생활공동체로 재구성되면서 도시형 에너지자립 마을의 모범을 일구어가고 있어요.

적정기술운동을 하면서 걸림돌은 없나요? 법으로 기술이 제한받는 경우도 있다고 들었는데, 힘든 일들이 한두 가지가 아닐 것 같아요.

안병일 제일 큰 건 아까 말씀드린 것처럼 활동가가 부족한 거고요. 그 다음에는 정책적인 부분입니다. 대표적으로 국내 재생에너지 정책이죠. 유럽처럼 마을이나 지역사회에서 바이오디젤을 생산하면 좋겠지만 우리나라에선 불법이고, 재생에너지 보급률은 바닥을 기고 있어요. 정권이 바뀌면서 재생에너지 확산과 에너지전환에 청신호가 켜지긴 했지만 산업화된 에너지 구조 속에서 시민들이 주체가 되는 재생에너지 사업이 얼마나 확대될지 모르겠습니다.

바이오디젤 얘기를 더 하자면, 바이오디젤을 합법적으로 사용하려면 바이오디젤 전용 주유기가 있어야 하고, 옆에 차량 정비센터도 있어야 해요. 또 바이오디젤을 만들었다 해도 경유와 8대 2로 섞어야 하고요. 게다가 사전 신고한 차량에만 넣을 수 있죠. 자기 차에 넣는 것조차 불법이라는 판례가 있으니 바이오디젤이 대중적으로 확산될 수가 없어요.

아예 하지 말라는 뜻 아닌가요?

안병일 일반 시민은 만들지 말라는 거죠. 현재 법적으로는 서울시 강동구청에서만 가능해요. 지금은 퇴직한 강동구청 열혈 공무원이 10여 년간 어렵게 노력한 결과물이죠.

또 도시에서는 화목난로와 화목보일러가 미관 문제, 연기 문제 때문에 법으로 막혀 있어요. 아파트에서는 가스나 액체연료만 사용 가능하고 나무와 같은 고체연료는 사용할 수 없는 게 현재 법이에요. 이게 우리나라의 현실입니다.

유럽에서는 대기오염 기준을 충족하고 고효율 연소장치로 인증된 제품은 도시에서도 사용이 가능하도록 해 화목보일러, 화목난로, 벽난로 등이 많이 보급되어 있어요. 북미나 유럽은 이미 '거꾸로 타는 연소방식'이나 '나무가스화 연소방식'을 화목보일러에 적용해 나무 연료 사용량을 획기적으로 낮추었어요. 연기 때문에 도시에서는 사용할 수 없다고 생각하기 쉬운데, 북유럽 특정 국가에서는 신규로 짓는 주택 90% 이상이 화목난방을 채택하고 있답니다. 고온 청정 연소를 통해 연기가 나지 않는 기술을 갖고 있기 때문이죠.

우리나라 적정기술운동은 협동조합을 중심으로 진행되고 있는데요. 조직 운영에 불편함은 없나요? 비영리민간단체나 주식회사 형태가 더 적절할 수도 있을 것 같아서요.

안병일 그게 고민 중 하나예요. 적정기술협동조합이 협동조합운동인지, 에너지운동인지, 마을운동인지 불분명해요. 그래서 적정기술운동을 가장 잘 할 수 있는 조직형태가 무엇인지에 대해 고민이 많아요. 지금까지 작은손을 포함해 적정기술 하는 단체를 보면 협동조합보다는 적정기술 전문단체 성격이 훨씬 강하거든요. 협동조합 방식으로 활동하지만 협동조합으로서 역할을 제대로 못하고 있는 것도 사실이에요.

또 기술적 역량을 가진 조합원을 중심으로 활동이 전개되다 보니 다른 조합원은 구경꾼이나 단순후원인 경우가 많고요. 아낌없이 후원하고 박수를 보내주기는 하지만 거리감이 생기는 건 어쩔 수 없어요.

그렇다고 생산자협동조합으로 갈 수도 없는 게 저희는 제품 판매보다는 교육이나 체험 활동을 통해 적정기술의 가치를 알리는 데 집중하고 있거든요. 운동도 해야 하고 수익도 만들어야 활동의 지속성이 보장되니 어떻게 협동조합을 운영해야 좋을지 같이 활동하는 사람들과 계속 고민해보려고 해요.

고민이 많군요. 적정기술이 적용된 마을을 만드는 게 목표였는데, 그 부분은 얼마만큼 진척이 있다고 보나요?

안병일 마을이 없는 적정기술은 개인의 자족적 기술을 넘어설 수 없기에 뜻 맞는 사람들끼리 적정기술이 적용된 마을을 직접 만들어보자고 했지만 그것도 쉽지는 않네요. 대부분 직장인들이고 마을에서 살아가려는 방식도 다들 제각각이니까요. 마을은 급하게 추진하면 안되는 모양입니다. 쉽지는 않겠지만 당분간 편한 마음으로 느긋하게 때를 기다리려고요.

앞으로 적정기술이 마을로 들어가기 위해서는 해결해야 할 과제들이 많아요. 수요와 필요에 맞춰 기술적 진화가 필요하고, 집요한 기술 개발과 검증도 필요해요. 재미로 만들었다간 여지없이 폐기물로 전락하거든요. 무엇보다 마을로 향하는 적정기술은 상품이 아닌 문화로 정착되어야 한다고 생각해요.

마지막으로 독자들에게 적정기술운동에 함께하자고 한 마디 한다면요.

안병일 적정기술이 구현된 마을은 공동체 구성원들이 스스로의 판단과 결정으로 먹을거리와 에너지를 소유하고 통제하는 마을입니다. 생산과 소비를 마을이 결정하고 경제적 이익을 나누는 마을이죠. 소비에만 익숙한 현대인들에게는 너무 먼, 뜬구름 잡는 이야기처럼 들릴 거예요.

하지만 우리는 자본주의 사회의 폐해를 온몸으로 겪고 있잖아요.

우리들 손에 잠들어 있던 감각과 슬기로움을 현실 세상으로 불러들이는
적정기술은 쓸모있는 기술철학이자 문화이다.

생각해보면 적정기술은 옛날 우리 조상들이 일상으로 했던 거예요. 스스로 만들고 고치면서 살았으니까요. 그러다 소비사회가 되면서 우리가 잊고 살고 있는 거죠. 그렇다고 옛날로 돌아가자는 이야기는 아니고요. 많은 젊은이들이 지속가능한 사회를 만드는 적정기술 세계에 들어와 반짝이는 아이디어를 마음껏 펼쳐놓았으면 좋겠어요.

비록 경제적 자립기반이 취약하고 기술적으로도 불안정하지만 마을 속으로 파고들며 적정기술의 지속가능성을 모색하려는 도전은 계속되고 있어요. 적정기술의 구체적 현장은 지역사회이며, 공동체가 살아있는 마을일 수밖에 없기 때문이에요. 우리들 손에 잠들어 있던 감각과 슬기로움을 현실 세상으로 불러들이는 촉매이자 각자를 기술의 주체로 세우는 적정기술은 분명 쓸모있는 기술철학이자 문화입니다. 알고 보면 무엇보다 재미있고 쉬운 적정기술을 함께 맛보자고 감히 권해드립니다.

인터뷰 후기

—

자동차로 치킨 냄새 한번 풍겨볼까요?

한국은 에너지 수입 의존도가 95%에 달하는 국가이다. 연간 에너지 발전량의 30%를 핵발전소에 의존하고, 생산되는 전력 가운데 10%는 서울에서 사용 중이다. 수도권에 에너지를 공급하기 위해 밀양과 같은 농촌 주민의 삶을 파괴하는 일이 일어나고 있다. 지금과 같은 방식으로 에너지를 사용해야 할까, 누군가의 삶을 앗아가는 에너지, 공포로 다가올 환경 문제를 후대에게 물려줘야만 할까. 이런 고민을 하며 안병일을 찾아갔다.

인터뷰가 진행된 곳은 아산의 작은손 작업장이었다. 연신 '찌잉~ 이잉~' 기계 소리가 들렸다. 작업장에는 뭐든지 뚝딱 만들 수 있는 도구가 갖춰져 있었고, 폐가구를 활용해 테이블을 만드는 작업이 한창이었다. 작업장 한편에는 석유와 전기를 사용하지 않아도 공기를 따뜻하게 데울 수 있는 화목난로가 멋지게 자리 잡고 있었다.

안병일은 처음 적정기술을 접한 뒤 학교에서 폐식용유를 받아 바이오디젤을 만들어서는 경유 대신 자동차에 넣어 전국을 다녔다. 우스갯소리로 닭 튀긴 기름을 넣으면 차가 움직일 때 맛있는 치킨 냄새를 뿜는단다.

선한 웃음을 지으며 적정기술의 유용함을 이야기한 그였지만 적정기술로 경제적 지속가능성을 확보하는 일은 버거워보였다. 하지만 그는 어려운 상황 속에서도 '오만한 과학기술'을 경계하며 '재미있는 적정기술'을 위해 분투 중이다.

그의 이야기를 들으며 반평생 일본 핵발전소 반대 운동에 앞장선 다카기 진자부로가 생각났다. 그는 "시민의 과학이 해야 할 일은 미래에 대한 희망에 바탕을 둔 과학의 방향을 탐색하는 데 있다"라고 말했다. 시민의 과학인 적정기술 영역이 점차 사회에 확산되기를 기대해본다.

2부

잘 살고 싶다면 나누고 공유하라

HBM협동조합경영연구소장 송인창에게 듣는
가치와 사업 두 마리 토끼 잡는 노동자협동조합 이야기

동물의집 대표 정경섭에게 듣는
비자본주의적 지역공동체와 공동체경제 이야기

메이커교육실천 회장 이지선에게 듣는
공유와 협력의 메이커운동 이야기

05

협동하는 일터는 즐거운 삶터가 된다

**HBM협동조합경영연구소장
송인창에게 듣는**

가치와 사업 두 마리 토끼 잡는
노동자협동조합 이야기

> 청년들에게 우스갯소리로
> "한 줌도 안 되는 삼성이나 현대 가려고 목매지 말고
> 제2의 스티븐 잡스 같은 사람이 돼라"라고 해요.
> 그런데 혼자 하지 말고, 같이 하라고 하죠.
> 안되는 취업에 목 매지 말고,
> 젊음을 자산 삼아 같은 길을 꿈꾸는 사람과 함께
> 적더라도 돈을 즐겁게 벌라고 해요.
> 돈은 마흔 넘어서 버는 거죠.
> 창업자끼리는 경쟁하지 말고 협동조합으로 해결해야
> 둘 중 하나는 반드시 망하는 제로섬 게임에
> 빠지지 않을 수 있어요.

해피브릿지

돈 대신 사람을 중심에 놓는 기업을 꿈꾼 청년들이 있었다. 1996~1997년경 각기 다른 영역에서 사업을 시작했고, 1999년 영농조합법인 보리식품이라는 제조공장을 함께 설립하며 냉면과 육가공제품을 생산 유통하는 사업을 매개로 모였다. 일본에 냉면과 육수를 수출했고, 2004년에는 '화평동왕냉면'이란 냉면 전문점을 런칭하면서 프랜차이즈 사업에 뛰어들었다. 2006년에 '국수나무'가 문을 열었고, 2010년에는 스스로의 미션을 재정의하며 '푸드코아'에서 '해피브릿지'로 사명을 변경했다. 2012년 국수나무 가맹점 300호점을 오픈했고, 같은 해 한국프랜차이즈대상 '지식경제부장관 표창'을 수상했다.

이렇듯 승승장구하던 해피브릿지는 사람이 중심이 되는 기업을 만들자는 초심을 되찾겠다며 주식회사를 청산하고 2013년 '해피브릿지협동조합'으로 거듭났다. 오너와 직원이 따로인 회사가 아니라 직원이 회사의 주인이 된 해피브릿지는 이후로도 날로 성장을 거듭했다. 일본식 스테이크 전문점 '도쿄스테이크', 고품격 PC방 '하늘나무' 등으로 사업을 확장하며, 현재 4개 브랜드 530여 개의 프랜차이즈 매장을 운영하고 있다.

2014년에는 교육과 혁신을 위해 스페인에 위치한 세계 최대의 노동자협동조합 몬드라곤과 협동하여 HBM협동조합경영연구소를 개소했고, 2013년부터 필리핀의 최대 도시빈민 집단 거주지 나보타스로 봉사활동을 가는 사회공헌 프로그램 '해피버드(Happy Bird)'를 운영하고 있으며, 2016년 한국프랜차이즈대상을 5년 연속 수상했다.

송인창 _ HBM협동조합경영연구소장

1968년생. 가톨릭청년운동을 하던 친구들과 1997년 쌀 유통업으로 사업을 시작했다. 자기 잇속을 차리기보다 나누며 사는 삶이 더 좋았던 송인창과 그의 친구들이 꾸린 사업은 시간이 지날수록 나날이 커졌다. 성공에 기뻐할 만도 하건만 그들은 또 다시 새로운 도전을 했다.

2011년 이탈리아 볼로냐를 방문하면서 협동조합이 지향하는 가치와 자신들이 회사 설립 초기에 가졌던 꿈인 '사람이 주인인 기업'이 일치한다는 걸 알게 돼, 2013년 800억 원의 가치를 가진 기업을 노동자협동조합으로 전환했다. 송인창과 경영진은 협동조합으로 전환할 당시 가지고 있던 지분을 포기했다. 송인창은 해피브릿지협동조합 1대 이사장을 역임했으며, 현재는 HBM협동조합경영연구소에서 연구소장직을 맡고 협동조합 발전을 위해 일하고 있다.

가맹점 400개의 잘 나가던 주식회사 협동조합으로 전환하다

『산타와 그 적들』이란 책을 보면, 이탈리아 볼로냐대학 스테파노 자마니 교수가 해피브릿지를 두고 이런 말을 했어요. "그건 기적 같은 일이군요. 그렇게 잘되는 주식회사가 협동조합으로 전환하다니! 이탈리아에서도 주식회사에서 협동조합으로 바뀌는 일은 있었지만 다들 망해가는 기업, 혹은 망한 기업이었어요"라고요. 그의 말처럼 해피브릿지는 국내 최초로 흑자 기업이 협동조합으로 전환한 사례예요. 무엇이 계기가 되었나요?

송인창 초심으로 돌아가기 위해서였어요. 노동운동을 하던 친구들, 농민운동을 하던 친구들, 그리고 가톨릭청년운동을 하던 친구들이 각각의 영역에서 사업을 시작한 게 1996~1997년쯤이었어요. 그때 저희가 함께 이야기한 것이 이익이 남으면 사회운동단체에 기부하고, 돈이 아니라 사람이 주인인 기업을 꾸리자는 두 가지였어요.

사업을 하면서 고향친구, 학교 선후배 등 함께하는 사람들이 늘어났는데, 같이 먹고 살아보자며 모인 거라 돈보다는 사람이 우선이었어요. 사업을 시작할 때 다잡은 나름의 미션이 있었고 인적 관계로 인해 모인 친구들이다 보니 자기 몫을 막 챙기려는 사람도 없었어요.

말씀하신 대로 저희 사업이 잘되고 있었어요. 국수나무와 화평동 왕냉면 체인이 400개 정도 되었으니까요. 그런데 해피브릿지 규모가 커지니까 직원들이 주체적으로 일하기 어려운 환경이 되더라고요. 저희는 이걸 주식회사가 가진 구조의 문제로 봤어요.

그런 고민을 한창 하고 있던 2011년에 이탈리아 볼로냐에 갈 기회가 있었어요. 볼로냐가 협동조합이 잘 운영되기로 유명한 곳이잖아요. 협동조합으로 경제 양극화를 해소하고 일자리도 만드는 모습이 멋졌어요. 거기서 협동조합의 목표가 삶의 질을 높이는 거라는 걸 알았습니다. 주식회사는 돈이 목적이지만 협동조합은 사람이 중심인 비즈니스가 가능하더라고요. 해피브릿지 기업 가치인 '사람 중심'과 일맥상통하는 게 있다고 느꼈죠.

그래서 한국에 돌아오자마자 협동조합으로 전환할 준비를 했어요. 마침 2012년 12월 31일에 협동조합 기본법이 발효되어 2013년 2월에 해피브릿지가 협동조합으로 전환한 거예요. 협동조합으로 전환하고 나니 비로소 맞는 옷을 입은 것 같았어요.

잘 나가던 기업을 협동조합으로 전환하는 데는 큰 용기가 필요했을 텐데요. 가치를 좇다가 기업 운영이 어려워질 수도 있잖아요?

송인창 가치만을 좇은 건 아니에요. 그렇게 순진할 리가 없죠(웃음). 볼로냐에서 협동조합이 비즈니스로서도 발전 가능성이 있다고 봤기 때문에 전환한 거예요.

볼로냐에서는 길에서 흔히 볼 수 있는 슈퍼 간판에도 '생활협동조합'이라고 써있을 정도로 전체 경제에서 협동조합이 차지하는 비중이 컸어요. 40%가 넘는다고 하더라고요. 직원이 1000명이 넘는 꽤 큰 기업도 협동조합으로 운영되는 경우가 많았고요. 그러니까 협동조합은 가치와 사업 두 마리 토끼를 다 잡을 수 있는 방식인 거죠.

특히나 저희 같은 중소기업은 수익성도 중요하지만 꾸준히 살아남을 수 있는지도 아주 중요한 문제예요. 환율 변동이나 광우병 사태 같은 외부 위기에 버티려면 내부 역량이 있어야 해요. 대기업은 자본으로 버티지만 중소기업은 그럴 수 없어요. 의리로 지키는 것도 규모가

HBM협동조합경영연구소장 송인창. 처음 사업을 시작할 때부터 송인창과 그의 친구들은 돈이 아니라 사람이 주인인 기업을 꾸리자고 마음을 모았다.

작을 때 이야기고요. 그런데 협동조합은 시스템으로 의리를 만들어줘요. 협동조합은 조합원이 회사의 공동소유주가 되는 거잖아요. 법적으로 회사를 함께 나눠 가지며 어려울 때나 잘 나갈 때나 함께하는 거죠. 협동조합이 길게 봤을 때 경쟁력이 있다고 본 거예요.

볼로냐에 다녀와서 협동조합을 하자고 했을 때 반대하는 사람은 없었나요?

송인창 주식회사에서 협동조합으로 전환할 당시에 주주가 열네 명이었는데, 단 한 명도 반대하는 사람이 없었어요. 사실 불협화음은 회사 초창기에 더 많았어요. 서로 스타일이 다르니까 싸울 때도 많았고, 그러면서 자기 길을 가겠다며 나갔다 다시 들어오고 그랬어요. 그러면서 관계가 끈끈해졌어요. 저희들끼리는 '도깨비 빤스' 같은 관계라 그래요. 튼튼하고 질겨서 안 찢어진다고요(웃음). 그리고 협동조합이 옳은 길이라는 데 대한 믿음이 있었죠.

협동조합 했다가 회사 망하는 거 아니냐며 걱정하는 직원들은 있었어요. 그래서 직원들을 유럽의 협동조합으로 연수 보내며 직접 보고 오라고 그랬어요.

재미있는 게 주식회사였을 때는 주주들이 배당받은 적이 없었어요. 마지막 주주총회 때 회사를 청산하면서 협동조합의 의미를 상징적으로 보여주는 자산 배분을 결정했어요. 회사의 주인이 되면 주인으로서 배당받을 수 있다는 의미였어요. 내부유보금 36억 원 중 기존 주주들이 3분의 1을, 5년 이상 근무한 직원들이 3분의 1을 가지도록 나누었어요. 직원 가운데 70% 이상이 5년 이상 장기근속자였어요. 그리고 창업자들뿐 아니라 5년 이상 일한 직원 67명이 주인이 되는 협동조합을 만들었어요. 아, 내부유보금의 나머지 3분의 1은 새출발하는 협동조합의 내부유보금으로 넘겼고요.

해피브릿지의 조직구조인 '노동자협동조합'에 대해 좀 더 설명이 필요할 것 같아요. 노동자협동조합과 노동조합을 흔히 혼동하기도 하잖아요.

송인창 맞아요. 노동자협동조합이라고 하면 많은 분들이 노동조합과 헷갈려 해요. 간담회에 가서 노동자협동조합을 이야기했더니 "울산에 노동자협동조합이 가장 발달되어 있죠"라고 대답하는 분도 있었어요. 저희 작은아버지도 "사업하는 줄 알았더니 노동운동하느라 바

국수나무와 화평동왕냉면 체인이 400개 될 정도로 잘나갈 때
해피브릿지는 주식회사에서 노동자협동조합으로 전환했다.

쁜 거냐?"라고 전화하세요(웃음).

그래서 저는 오해를 불러일으키는 노동자협동조합이라는 표현 대신 '일자리협동조합'이라는 표현을 써요. 일자리협동조합은 우리 스스로 일자리를 만들어내는 것이고, 일자리를 지키기 위해서 사업하는 것이고, 일자리를 지키고 늘려가는 거예요. 이것이 우리의 결사 목적인 거죠.

다시 말하면 같이 일하는 사람들이 '팀'이 되어 일을 하는 거예요. '팀 기업가'라고 할까요. 혼자로는 안 되니 팀으로 같이 해결하는 거예요. 하고 싶은 일을 함께하면서 일자리를 만드는 거죠.

팀 기업가들이 함께 만드는
일할 맛 나는 일터

노동자협동조합으로 전환한 후 어떤 점이 바뀌었나요? 현재 규모가 어떤지도 궁금합니다.

송인창 협동조합으로 바뀌면서 직원들이 조합원, 즉 회사의 주인이 된 거잖아요. 예전에는 주어진 일을 했다면 협동조합이 되고서는 회사 살림과 경영에 직접 참여하고 꼼꼼히 들여다보게 되었죠. 회사를 함께 책임져야 하는 주인이 된 거니까 업무에 대한 태도나 회사에 대한 애정이 달라졌어요. 회사의 비전을 함께 세워나가는 든든한 동반자가 더 많아진 거죠.

현재 조합원 83명, 예비조합원이 12명, 직원이 14명이에요(2017년 10월 기준). 입사해서 3년이 넘으면 교육을 받고 출자해서 조합원이 될 수 있어요. 저희는 세계 최대 노동자협동조합인 스페인의 몬드라곤 조합원 출자 방식을 도입했어요. 조합원이 최소 1000만 원 이상의 출자금을 내기로 합의해서, 조합원의 출자금 만으로도 10억 원 이상의 현금이 확보되기에 자금 조달이 안정적이에요. 출자금을 위한 목돈 마련이 어려운 직원들을 위해서는 사내복지기금을 조성해놓고 있고요.

노동자협동조합이 일반 기업 형태보다 효율성이 떨어지는 부분도 있을 텐데요. 의사 결정에 있어서 시간이 더 많이 걸린다거나 조합원마다 경험이나 마인드가 달라 하나의 방향성을 갖기 힘들다거나 하는 문제는

2013년 해피브릿지가 협동조합으로 전환하면서 창업자들뿐 아니라
5년 이상 일한 직원 67명 모두 회사의 주인이 되었다.

없나요?

송인창 주식회사의 기업가는 '우리'가 아닌 '고객' 또는 '경쟁자', '경영환경', '세계'를 고민하죠. 그렇게 사고해야지 할 일이 생기거든요. 그런데 협동조합은 거기에다 내부 절차, 조합원 참여 등에 에너지가 쓰이니 기회비용이 높아지는 게 맞아요. 하지만 이것들은 문제라기보다는 해결해야 할 과제고 도전이라고 생각해요. 함께하는 과정을 즐기면 되는 거예요.

그리고 협동조합은 결사체니까 결사의 목표가 중요해요. 목표가 일자리를 지켜내는 것까지인지, 세상을 바꾸고 새로운 비즈니스 기회를 창출하는 건지에 따라 일의 방향이 달라지겠죠. 그런 걸 정하고 실행하는 일은 시간이 걸리더라도 충분히 의미가 있잖아요? 이런 과정이 있어야 사람이 중심인 일자리인 거죠.

저희가 협동조합을 한 지 5년째인데, 지금은 선출직 이사도 젊은 사람으로 바뀌고 경영과 이사회를 구분하는 실험도 하고 있어요. 싹 바뀐 거죠. 그런데 창업자 그룹이 협동조합을 리드한 측면이 있기 때문에 구성원 사이에 입장 차이가 있긴 해요. 예전부터 일했던 조합원들은 모두가 평등한 조합원이 되면서 직급이나 급여에서 새 조합원과 별 차이가 없으니 자기 일에서 의미를 찾기 어려워하기도 하고요. 반면에 새 조합원들은 경영에 대한 관심이나 책임감이 아무래도 부족하고요.

또 협동조합에는 해고가 없죠. 이게 정말 큰 장점이지만 한편으로 딜레마이기도 해요. 모두가 주인인데 모두가 주인이 아닐 수도 있거든요. 무슨 말이냐 하면 '철밥통'이라 좋은데, 아무도 경영책임을 지지 않으면 자르는 사람은 없어도 회사가 없어질 수 있는 거예요. 이렇듯 협동조합에도 과제들이 많아요.

그런 과제를 해결하기 위해 HBM협동조합경영연구소를 세운 건가요?

송인창 협동조합 원칙 중 하나가 '교육'이에요. 끊임없는 조합원 교육으로 협동조합이 유지될 수 있다고 하는데, 그 말이 맞는 것 같아요. 그래서 협동조합으로 전환한 다음해인 2014년에 몬드라곤과 공동으로 HBM협동조합경영연구소를 설립했어요. HBM은 Happy Bridge Mondragon에서 첫 글자를 딴 거예요. 연구소에서는 성공적인 협동조합 운영과 지속가능 경영을 위한 교육을 진행해요. 인큐베이팅 센터,

요리학교, R&D 센터, 아카데미 등으로 나눠져 있어요.

처음 2년간은 한국 방식인 주입식 교육밖에 할 수가 없었어요. 교육 경험이나 노하우가 없었으니 어쩔 수가 없었죠. 다행히 한국에서 강의하는 마틴(Juanjo Martin) 교수가 부분 참여형으로 교육을 담당해줘서 보완이 되었어요.

요즘은 '팀 아카데미'라는 프로그램을 적극적으로 도입하고 있어요. 팀 아카데미에서는 따로 선생님도 없고 교실도 없어요. 배우는 사람이 가르치기도 하고, 가르치는 사람이 배우기도 하면서 현장이 교실이 되는 교육이에요. 전통적인 교육개념을 파괴하는 방법론인데, 노동자협동조합의 특성과 잘 맞더라고요. 기존의 이끄는 자와 따라가는 자의 위계가 파괴되어 버리니까요.

아무래도 저희는 몬드라곤에서 영향을 많이 받고 있는데, 팀 아카데미 역시 그래요. 몬드라곤에서 영향을 많이 받은 부분은 협동 원리, 고용을 책임지는 방식, 조직을 혁신하는 방식이에요. 몬드라곤 팀 아카데미도 핀란드에서 시작한 팀 아카데미를 혁신한 거니까 우리는 그걸 다시 혁신하자는 관점에서 운영하고 있어요.

노동자협동조합은 조합원이 하고 싶은 일을 잘할 수 있도록 환경을 마련해주면서 지원해주고 기다려줘야 해요.

하지만 노동자협동조합도 기업이다 보니 이윤을 생각할 수밖에 없잖아요. 무작정 기다려주는 일이 쉽지는 않을 것 같아요.

송인창 기업이 사람이 변할 때까지 기다려주는 학교가 될 수는 없

해피브릿지는 2014년에 몬드라곤과 공동으로 HBM협동조합경영연구소를 설립하고 교육을 통해 조직을 혁신하고 있다.

죠. 학교협동조합이면 사람을 변화시키는 게 목적이니까 기다릴 수 있 겠지만요. 노동자협동조합은 그런 결사는 아니에요. 일자리와 삶을 걸고 하는 겁니다. 아침부터 저녁까지 내 삶, 내 가족의 삶을 다 걸고 일하는 거니까 대단한 몰입도가 있는 조직이죠. 소비자협동조합하고도 달라요. 준비가 되지 않은 사람을 기다려줄 수는 없어요.

만약 '해피브릿지의 이미지가 좋으니 3년 일해서 조합원이 되면 괜찮겠다'라고 생각하는 사람들만 들어온다면 해피브릿지는 얼마 못 가서 문을 닫게 될 거예요. 해피브릿지에서 일하고 싶은 이유를 물었을 때 "이러저러한 일을 하고 싶은데 같이할 수 있는 곳이 없다. 내 꿈과 비전이 이렇게 있는데, 다른 회사에서는 받아주지 않는다"라고 말할 정도가 되어야 해요. 이런 절실한 사람이 해피브릿지에 맞는 거죠. 준비가 된 사람들의 부족함은 교육으로 충분히 채울 수 있어요.

해피브릿지만의 멋진 경영 원칙이군요. 노동자협동조합은 기업문화에서도 다른 일반 기업과 차이가 있겠지요?

송인창 협동조합에서 일하면 커다란 기계 속에 있는 부품처럼 느껴지는 일은 없겠죠. 그런데 앞서 말한 것처럼 협동조합이라고 만능은 아니에요.

제가 재작년에 구글에 가서 보니까, 매주 목요일 직원 전체가 모이는 축제가 있더라고요. 축제에서는 식당에서 먹고 놀면서 토론을 하는데 이게 기업 경영에 반영이 돼요. 즉석에서 토론하고 결정하면 CEO가 실행하는 거죠. 엉뚱한 아이디어도 실현되는 걸 보면서 대단하다고 느꼈어요.

더 흥미로운 건 구글이 일주일에 평균 4번 정도 온라인 투표를 해요. 직접민주주의가 실현되고 있는 거예요. 몬드라곤이 1년에 한 번 총회에서 투표를 하니, 몬드라곤보다 구글의 사람들이 민주주의를 더 많이 체험하고 있는 셈이에요. 만약 협동조합이 구글과 같은 문화를 만들어낼 수 있다면 날개를 다는 거죠. 현재 협동조합에서 구조적인 민주주의, 즉 1인 1표 민주주의를 확인할 수 있는 건 1년에 한 번뿐이거든요.

따지고 보면 구글은 민주주의가 아니에요. 공동소유도, 민주적인 운영도 아니니까요. 열심히 일해도 결국 자본이 그 결과를 가져가죠. 다만 그들은 운영시스템을 바꾼 거예요. 그 속에서 구글 구성원들이 민주적 소양을 가꾸고 체험하는 거고요.

협동조합에도 구글과 같은 발상의 전환이 필요해요. 노동자협동조합은 일자리를 보장받는 수단이 아니라 결국 '내가 살아가는 방식'이잖아요. 내가 잘할 수 있는 일, 내가 하고 싶은 일을 팀을 이뤄 찾아가는 과정인데, 그 과정이 더 민주적이고 더 재미있어야겠죠.

그러니 협동조합 비즈니스를 혁신하려는 사람은 협동조합만 참고해서는 안 된다고 생각해요. 기업을 관찰하고 그들이 만들어낸 정보와 노하우 가운데 좋은 건 따라하면 돼요. 그리고 인간의 삶을 이롭게 하는 상품과 비즈니스를 만들어야죠.

같은 길을 꿈꾸는 사람과 함께하는
노동자협동조합

해피브릿지가 노동자협동조합으로 많은 관심을 받으면서 다른 협동조합들에도 긍정적인 영향을 미치고 있다고 봐요. 해피브릿지는 협동조합 생태계 구축에도 관심이 많다고 들었습니다.

송인창 협동조합은 시야가 외부로 뻗어 있어야 돼요. 협동조합일수록 협동하기 위한 파트너들의 에너지가 강해야 됩니다. 2015년부터 인터쿱 아카데미(inter-coop academy)라는 걸 하고 있어요. 팀 아카데미 교육 방법론을 응용해서 협동조합 대표나 책임 있는 사람들이 1년 반가량 함께 논의하는 거예요. 서로가 서로를 알아가는 과정이죠.

저희는 '행복중심 생협'과 전산 분야 업무 협약을 맺었는데, 그러면서 행복중심 생협에 대해 많이 알게 됐어요. 미션과 비전이 무엇인지,

무엇을 고민하고 있는지, 우리와 함께할 수 있는 게 무엇인지 등등요.

협동이란 공동으로 필요한 것이 무엇인지 합의하고, 해결해야 할 문제에 대해 관점이나 프레임을 통일시키는 거예요. 서로 호흡을 맞추고, 문제를 해결할 주체를 만들어나가는 거죠. 이러한 지난한 과정이 전제될 때 협동조합 간 협동의 실체가 만들어질 수 있을 거예요. 저는 협동조합은 결사체인 만큼 결사를 이루어내는 데 에너지가 많이 들어가야 한다고 생각해요.

협동조합 간 협동을 단지 비즈니스적 관점이 아닌 또 하나의 결사로 보는 거군요.

송인창 물론 비즈니스로 얻는 이점들을 어떻게 취할 것인지 고민을 많이 해요. 주식회사라면 원칙이 있기 때문에 갈등의 여지가 없지만 협동조합은 다르니까요. 협동이라는 이름으로 포장되어 속에서 곪는 것이 있으면 안 되잖아요. 그렇다고 어떤 대안이 있는 건 아니에요. 상호 협동조합을 알아가면서 신뢰와 이해를 쌓기 위해 인터쿱 아카데미를 하고 있는 거예요.

이제 해피브릿지를 사업적인 측면에서 한번 바라볼게요. 협동조합 전환 이후에도 큰 성장을 이루고 있어요. 가맹점 수도 많이 늘었지만, '재계약률 100%, 분쟁 건수 0'이라는 것도 주목할 만한데요.

송인창 해피브릿지의 비전은 '직원과 고객의 경제적 만족과 자아

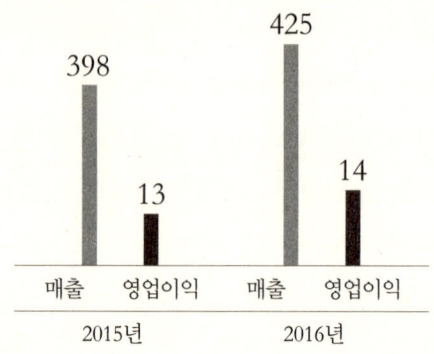

해피브릿지는 노동자협동조합으로 전환한 이후에도 매년 매출 신장을 이루고 있으며, 가맹점과 사이에 '재계약률 100%, 분쟁 건수 0'이라는 주목할 만한 기록을 세우고 있다.

실현을 위한 지속가능한 협동조합 기업'이라는 거예요. 여기서 고객은 가맹점주와 소비자예요. 특히 해피브릿지의 가장 큰 고객은 가맹점주이므로 가맹점과 상생경영을 하기 위해 노력하고 있어요.

'국수나무'의 경우 가게를 오픈하기 전후로 11일간 오픈매니저를 파견해 초기 집중관리를 해요. 또 오픈 이후 매출·수익·운영을 위해 사후관리에도 신경쓰고 있고요. 유통과 제조를 담당하는 해피브릿지 공주 공장은 소스·육가공·면 라인 생산시설을 갖추고 HACCP 인증을 받아 제품을 생산하는데, 저희만의 차별화된 제조기술을 보유하고 있어요. 익일 배송 시스템을 도입해 수도권과 광역시는 주 6회 배송으로 신선한 음식을 소비자가 맛볼 수 있도록 하고 있어요.

저희는 가맹점과 가맹본부가 수평적 관계를 유지해야 된다고 생각해요. 그래서인지 가맹점주들은 "본사 갑질이 없어서 좋다"라고들

해요(웃음).

회사를 처음 만들 때 남는 이익은 사회에 기부하자고 했는데, 해피브릿지에서는 어떤 사회공헌에 힘쓰고 있나요?

송인창 대표적인 건 해피버드 프로젝트예요. 필리핀의 나보타스라는 빈민촌에 2013년부터 매년 4~5회 10박 11일의 일정으로 20여 명 정도의 해외연수단을 파견합니다. 그곳에 협동농장 짓는 일을 지원하고 있어요. 주로 닭을 키우는 농장들인데 거기 가서 홈스테이 하면서 일도 돕고 교육봉사도 하고 그래요.

해피버드는 사회공헌의 의미도 있지만 직원 교육 효과도 있어요. 가서 저희가 오히려 많이 배워오는 거죠. 가난한 사람들과 지내면서 함께 사는 행복이 뭔가 느끼고, 자본주의가 심어준 욕망을 다스리는 방법도 찾고요.

또 저희가 하는 게 기업과 지역사회의 상생을 목적으로 하는 소셜 프랜차이즈 사업인데요. 서울광역자활센터에서 진행하는 '자활센터 외식경영컨설팅' 과정에 참여했어요. 저희와 인연을 맺은 곳은 '성동자활 외식사업단'으로, 2년 동안 운영한 국수 전문점이 경영 곤란 상태에 빠진 경우였어요. 해피브릿지의 물류·유통 시스템과 메뉴개발자, 오픈 매니저, 외식전문 마케터, 디자이너가 참여해 대규모 리뉴얼 과정을 진행해 '면사무소'라는 상호로 2016년 새롭게 태어났죠.

노동자협동조합의 사회공헌 활동으로 일터를 회복하고 일자리를 지켰

군요. 인공지능의 발전 등으로 2035년에 일자리의 80%가 사라진다는 분석이 있을 정도로 일자리 문제가 시대의 화두잖아요. 노동자협동조합 입장에서는 이 문제를 어떻게 보고 있나요?

송인창 제가 청년 인큐베이팅, 스타트업에 관심이 많아요. 카카오를 창업한 김범수 씨가 '판교 스타트업 캠퍼스'의 총장이 되면서 "열심히 경기를 준비한 축구선수가 경기장에 들어선 순간 야구장으로 경기장이 바뀐 걸 상상해보라. 이것이 바로 우리 사회가 직면한 상황이다"라고 취임사를 했는데, 저도 꼭 그렇게 생각해요.

우리 사회는 경제, 환경, 비즈니스가 급변하고 있는데도 아직도 전통적인 마케팅만을 가르치고 있어요. 도법을 배워 칼 차고 무림에서 나왔는데 모두 총을 쏘고 있는 상황인 거예요. 지금이 칼을 갈 때인지, 총을 쏠 때인지 잘 봐야 합니다. 여기에 노동자협동조합의 할 일이 있다고 봐요.

청년들에게 우스갯소리로 "한 줌도 안 되는 삼성이나 현대 가려고 목매지 말고 제2의 스티브 잡스 같은 사람이 되면 돼라"라고 해요. 그런데 혼자 하지 말고, 같이 하라고 이야기해요. 팀을 만들라고 하죠.

안되는 취업에 목 매지 말고, 젊음을 자산 삼아 같은 길을 꿈꾸는 사람과 함께 적더라도 돈을 즐겁게 벌라고 해요. 돈은 마흔 넘어서 버는 거죠. 즐겁게 하다 보면 뭔가 될 거예요. 이런 희망을 보여주는 게 저희의 키워드예요. 창업자끼리는 경쟁하지 말고 협동조합으로 해결해야 둘 중 하나는 반드시 망하는 제로섬 게임에 빠지지 않을 수 있어요.

해피브릿지는 2013년부터 필리핀의 빈민촌으로 매년 해외연수단을 파견해 협동농장을 짓는 일을 지원하는 해피버드 프로젝트를 진행하고 있다.

마지막으로 해피브릿지의 미래를 어떻게 그리고 있는지 말씀해주세요.

송인창 볼로냐에서 협동조합을 보면서 품었던 꿈인데요. 농경사회 때는 토지 위에서 같이 일하고, 그곳에서 공동으로 나눠 먹으며 문화와 삶을 영위했잖아요. 산업사회에서는 기업이 그 역할을 하는데, 문제는 일터와 삶터가 분리되어 있다는 거죠. 8시간은 기업에서 돈 벌고 나머지 삶은 또 따로고요. 이건 옳지 않다고 생각했어요.

기업 자체가 삶의 토대가 될 수 없을까 고민했고, 그게 대안기업이라고 봤어요. 그런 기업을 만들고 사회적으로 알리고, 사람들도 대안기업을 만들 수 있게 돕는 일이 제 꿈이자 해피브릿지의 꿈이에요. 2002년에 계획한 건 '2010년까지 회사를 대안기업 모델로 만들고, 2015년까지 이것을 사회적 운동으로 전환'시키는 거였어요. 또 대안

기업 창업센터를 만들어 2025년까지 50개 기업을 만드는 계획도 있어요. 지금 보면 대충 비슷하게 나아가고 있는 것 같아요.

　이제 10년도 안 남았네요. 앞으로 남은 기간 동안 50개 기업만 만들면 돼요. 이미 회사 두 곳은 노동자협동조합으로 전환한다고 했으니 이제 48개만 더 하면 됩니다(웃음).

인터뷰 후기

사람이 먼저,
협동조합은 나중

HBM협동조합경영연구소 회의실에서 인터뷰를 마친 후 송인창에게 책 한 권을 선물 받았다. 세계적으로 알려진 몬드라곤 협동조합의 창시자 호세 마리아 신부가 쓴 글과 말을 엮은 『호세 마리아 신부의 생각』이었다. 이 책 서두에는 '사람이 먼저, 협동조합은 나중이다'라는 글귀가 나온다. 호세 마리아 신부의 명언은 송인창 소장의 행동과 일치한다. 그는 돈이 아닌 사람이 주인인 회사를 만들기 위해 이윤을 내려놓았다. 그리고 창업자들뿐 아니라 5년 이상 일한 직원 모두가 주인인 협동조합으로 조직을 전환했다. 아마 협동조합에서 사람이 주인이 되지 않는다면 협동조합도 내려놓고 새로운 것을 또 찾을 사람이었다.

그와 인터뷰하면서 가장 많이 떠올린 단어는 '혁신가'였다. 더불어 그가 구글 사례를 들며 협동조합도 기업들이 가진 민주적인 의사결정 방식, 효율적인 기업 구조 등을 벤치마킹할 필요가 있다고 날카롭게 지적했던 것이 기억에 남았다. 해피브릿지가 혁신적인 협동조합이 될 거라는 기대를 가지게 하는 장면이었다.

송인창은 "협동조합은 '삶을 살아가는 또 하나의 방식'이며 사업과 운동이라는 두 바퀴로 굴러가는 사업체라고 봅니다. 자본보다는 사람을, 경쟁보다는 협동을, 그리고 상생을 추구하겠다는 가치의 선택이고 그를 실현해 나가는 과정인 것입니다. 또한 해피브릿지협동조합은 이러한 가치를 늘 견지하며 보다 많은 일자리를 나누고 조합원 개인에게 삶의 터전이 되는 기업이 되고자 합니다. 아울러 더 살만한 곳으로 세상이 나아가는 데 조금이나마 힘을 보태고자 합니다"며 인터뷰를 마무리했다.

그가 가슴에 품은 큰 뜻을 현실로 바꿀 수 있었던 힘이 무엇인지는 명확했다. '도깨비 빤스'처럼 질긴 함께하는 사람들이 그의 무기라는 걸.

06

우리가 만나면 멋진 일들이 벌어진다

**동물의집 대표
정경섭에게 듣는**

비자본주의적 지역공동체와
공동체경제 이야기

> 세상에 기댈 곳도, '빽'도, 자본도 없는 사람들이
> 존엄하게 살아갈 수 있는 방법은 만나는 거예요.
> 만나지 않고 개별로 떨어져 있을 땐 힘이 없어요.
> 저는 특히 동네에서 만남의 공간을
> 어떻게 창출할 것인가 많이 고민했어요.
> 일상생활에서 먹고 사는 문제를
> 자본주의 방식이 아닌 협동조합 방식으로,
> 그리고 개별 단체에서 끝내지 않고
> 네트워크로 만들어야 돼요.
> 자신의 일상을 둘러싼 문제와 욕구가
> 여러 단체의 협업으로 해결되는 거죠.

민중의 집
-

2008년 서울시 마포구에 문을 연 '민중의 집'은 우리나라 최초의 민중의 집으로 지역주민들이 스스로 삶을 가꾸고 서로 나눔으로써 지역사회를 보다 건강하고 따뜻하게 바꾸기 위해 만든 주민들의 자치공간이자 공동체다. 현재는 약 400명의 개인회원이 함께하고 있고, 홀리데이 인호텔노동조합, 공무원노조 마포지부 등 지역 내 노동조합과 홍대 상인회 등이 회원단체로 있다.

우리동물병원생명사회적협동조합
-

'우리동물병원생명사회적협동조합'은 국내 유일의 협동조합동물병원으로, '우리동생'으로 줄여 부른다. 2013년 마포구의 평범한 주민 아홉 명이 모여 협동조합을 꾸리고 2년 반이 지난 2015년 6월 꿈에 그리던 병원을 개원했다. 우리동생은 인간과 동물이 공존하는 마을을 목표로 하며, 마포지역을 중심으로 1700명의 조합원이 함께하고 있다.

동물의집
-

'동물의집'의 전신은 '굿바이(Good-Buy)'다. 굿바이는 영국 공동체이익회사(community interest company, CIC)를 벤치마킹해 기업 활동을 통해 획득한 이윤을 사적으로 분배하지 않고 지역공동체를 위해 사용하는 모델을 만들어보자며 마포 지역에서 일하는 활동가 9명이 2015년 설립한 국내 최초의 공동체이익회사다. 예비사회적기업인 굿바이는 반려동물 전문 기업을 꿈꾸며 2017년 12월 동물의집으로 회사명을 변경했다.

정경섭 _ 동물의집 대표, 우리동생 이사장, 민중의 집 공동대표

1971년생. 20대 초반 음식 배달원, 복사기 영업사원, 야학교사 등 사회를 두루 겪은 후 스물여덟 살인 1998년 느지막이 사진 전공으로 대학에 들어갔다. 사진으로 삶을 담기보다 일상을 치열한 예술처럼 살고 싶었던 그는 진보정당 활동에 관심을 가졌다. 2000년에는 민주노동당에서 운영하던 기관지《진보정치》의 기자로 글을 썼다. 기자 생활을 하던 중 이탈리아 '민중의 집'을 우연히 접하게 되었다. 그가 늘 꿈꾸던 일상에서의 정치가 이미 오랜 역사를 갖고 있다는 것을 알게 된 정경섭은 2002년 기자를 그만두고, 민주노동당 마포을지구당에서 일하며 지역주민이 주인이 되는 생활정치의 장을 만들고자 했다. 2008년에는 한국 최초 '민중의 집'을 마포구에 열었다. 민중의 집은 지역주민, 시민단체 활동가, 성소수자, 1인 가구 등 다양한 주체가 함께하는 만남의 장이다.
이들과 만남은 2012년 '마포의료소비자생활협동조합(이하 마포의료생협)' 창립에 이어 2013년 우리동생, 2015년 굿바이 설립으로 이어졌다. 그는 현재 동물의집 대표를 맡아 대기업과 자본에 매몰되지 않는 지역경제 생태계를 만드는 작업을 이어가고 있다. 저서로『민중의 집』이 있다.

I

아이들의 배움터이자 어른들의 아지트
소통의 공간, 민중의 집

'한국 최초'라는 타이틀이 붙는 단체를 여럿 만들었어요. '민중의 집'도, '우리동생'도, 공동체이익회사 '굿바이'도 모두 한국에서 처음으로 설립된 것들인데요. 새로운 가치를 만들어내는 데 관심과 열정이 대단한 것 같습니다.

정경섭 저는 공간에 주목했어요. 사람들을 만나게 하는 전략 중에서 공간이 차지하는 비중이 굉장히 크다고 생각했거든요. 세상에 기댈 곳도, '빽'도, 자본도 없는 사람들이 존엄하게 살아갈 수 있는 방법은 만나는 거예요. 만나지 않고 개별로 떨어져 있을 땐 힘이 없어요. 『래디컬 스페이스』를 쓴 마거릿 콘은 '공간이 인간의 정체성을 형성시키고 변화시킨다'고 주장했어요. 그러니 공간을 만들어 사람들을 만나도록 하고, 그 만남에서 새로운 것을 창조하기 위해 협동하면 좋겠다 싶었어요. 여기저기서 주워들은 것과 제 경험이 뒤섞여 만들어진 개똥철학 같은 거죠(웃음). 저는 특히 동네에서 만남의 공간을 어떻게 창출할 것인가 많이 고민했고요. 그런 과정에서 어쩌다 보니 우리나라 최초의 것들이 나왔을 뿐이에요.

지금까지 꾸린 공간을 한 마디로 정의한다면 어떤 표현이 적절할까요?

정경섭 새로운 질서를 창출하는 공간이죠. 새로운 질서를 창출하는 건 비자본주의적인 방식으로 무엇인가를 계속 만드는 거예요. 예를 들어 나이 들면 병이 들 텐데 그때 자본주의 시스템으로 운영되는 요양센터에 들어간다면 굉장히 비참하지 않겠어요? 제가 존엄하게 살기 위해서라도 저를 돈으로 보지 않는 요양센터가 필요한데, 이건 보통의 개인이 가진 힘만으로는 불가능해요. 자본이 없으니까요. 자본이 없는 사람끼리는 힘을 모아 협동조합이든 뭐든 시도해봐야죠.

'민중의 집'부터 이야기해볼까요? 민중의 집은 19세기 말에서 20세기 초에 유럽에서 만들어진 풀뿌리 민중운동 공간이에요. 저는 20대 때부터 진보정당 활동을 했어요. 2000년부터 2년 정도 민주노동당의 기관지에서 기자로 일할 때 이탈리아의 민중의 집에 대해 알게 되었어요. 이탈리아에는 선술집, 강의실, 지역단체, 노동조합, 진보정당이 한데 어우러진 민중의 집이 지역 곳곳에 있더라고요. 노동자들이 푼돈을 모아 만든 공간이라는 의미에서 '잔돈의 집'이라고 불리기도 하죠. 주민들이 만나고 즐기고 생활하는 이런 공간이 우리에게도 있으면 일상에서부터 연대와 정치가 시작될 수 있을 것 같아 보였어요. 사실 진보정당의 중앙당에서 일하면서 '이건 아닌데, 주민들의 일상과 너무 동떨어진 정치잖아'라는 생각을 많이 했거든요.

그래서 2002년 중앙당에서 마포로 지구당 활동을 하러 오게 됐을 때부터 민중의 집을 꼭 만들어보고 싶었어요. 공상적이라거나 철이 없다는 소리 들을까 봐 가슴속에 숨겨온 이야기를 편하게 할 수 있는 곳, 다른 세상에 대한 상상력을 펼칠 수 있는 곳이 동네에 생긴다면 얼마나 좋을까 상상만으로도 즐거웠거든요.

정경섭은 민중의 집, 우리동생, 동물의집(구 굿바이) 등
사람들이 서로 만나 협동할 수 있는 공간을 만들어왔다.

민주노동당이 분당되던 2008년, 민주노동당에서 나온 당원들, 지역 노동조합 조합원들, 지역 상인들과 함께 민중의 집을 만들었어요.

마포 민중의 집에서는 어떤 일들이 벌어지고 있나요?

정경섭 마포 민중의 집은 원래 큰 단독주택을 사용하고 있었어요. 하루 종일 시끌벅적한 곳으로, 낮에는 초등학생 아이들의 소굴이었죠. 대안교육 선생님들과 함께하는 방과후 무료 배움터 '토끼똥 공부방'이

매일 2시에 열렸거든요. 여기서 아이들은 더불어 살아가는 데 필요한 것들을 배웠어요. 중학생들은 일주일에 한 번 인문학 토론 등을 하는 청소년 방과후 배움터에서 모였고요.

아침과 저녁에는 어른들의 아지트로 바뀌었어요. 여러 가지 강좌들이 재능기부로 열렸고요. 매주 화요일 저녁에는 같이 밥을 지어먹고, 한 달에 한 번 재활용 벼룩시장을 벌였어요. 지역단체들도 민중의 집을 수시로 이용했고요. 수다를 떨거나 동아리 모임을 갖거나 술 한 잔할 때도 민중의 집으로 모였어요. 경쟁으로 만나는 사이가 아니라 진정한 소통을 경험하는 관계가 쌓이는 공간이라고 할 수 있죠.

마포 민중의 집은 지금 잠시 재정적인 어려움 등이 겹쳐서 숨 고르기를 하고 있는 중이에요. 민중의 집의 상징이었던 공간을 뺐고, 현재는 민중의 집에서 운영하는 '카페M'을 운영하는 데 집중하고 있어요. 모임도 카페M에서 진행하고 있고요. 아이들의 공부방은 성미산 학교 공간을 잠시 이용하고 있어요. 2018년이 민중의 집 10주년이 되는 해인데, 그때 새롭게 공간을 열려고 합니다. 10년의 지역운동 성과와 한계를 살펴서 향후 10년의 지역운동 비전을 담은 민중의 집을 만드는 게 목표예요.

마포 민중의 집 이후 구로, 강서 양천, 중랑, 인천 등 전국에 8개의 민중의 집이 문을 열었어요. 앞으로 우리나라에 더 많은 민중의 집이 만들어지길 기대하고 있습니다.

잠시 도약을 준비하고 있긴 하지만, 민중의 집은 생활에서부터 서로 연대하는 사람들이 모인 매력적인 곳임에 틀림없네요. 민중의 집을 앞장

서서 만들고 다른 공간과 단체도 계속 시도하고 있는데, 끊임없이 도전하는 용기는 어디서 나오는 건가요?

정경섭 저요? 저는 똑똑한 사람도 아니고, 대단한 능력을 가진 사람도 아니에요. 오히려 그 반대일지도 모릅니다. 대학 입시에 열두 번 떨어지고 열세 번째 합격할 정도였으니까요. 그때는 학력고사를 볼 때여서 전기, 후기가 있었고 전문대 시험까지 따로 있었으니 4수 정도 한 셈이에요. 그것도 '인 서울'이 아니로 늘 '아웃 서울'로 썼는데도 말이죠. 그만큼 공부를 못했어요. 어렸을 때부터 공부 말고 다른 것에 관심이 많았어요. 수업시간에도 늘 다른 공상을 하며 멍하니 있었던 거 같아요. 한마디로 수업에 집중하지 못하는 학생이었죠. 소설을 무척 좋아했는데, 〈상록수〉를 읽고 대학 가서 야학도, 데모도 꼭 하고 싶었어요.(웃음)

어쨌거나 4년 정도 매해 실패하고 도전하고 또 실패하고 도전하면서 감수성이 예민할 때 제 나름 상처도 받았죠. 하지만 나중에 사업이나 일을 벌일 때 실패나 도전을 두려워하지 않는 내공도 이때 쌓였어요.

제가 대학에 들어간 게 스물여덟 살이던 1998년이었는데, 그전까지 음식 배달도 하고 복사기 팔러 다니는 영업도 하고 여러 가지 일을 하며 돈도 벌었어요. 야학교사도 하고요. 교사만 60명이 넘었던 대형 야학이었는데, 학생들을 가르치기도 했지만 정치경제학이나 철학 세미나를 하며 많이 배우기도 했어요. 대학생이 아니라는 콤플렉스에 시달리는 저를 많이 변화시켜준 공간이었죠.

그러고는 우리가 다 같이 잘 사는 세상을 만들기 위해서는 진보정당이 필요하다고 생각했고, 무작정 1997년 대선이 끝난 후 민주노동당의 전신인 '국민승리 21'을 찾아가서 뭐라도 하겠다고 했어요. 방학 때 무보수 자원활동가로 홍보팀에서 상근하며 민주노동당 발기인 포스터 등 사진 찍는 일을 맡아 했고, 2000년 민주노동당이 창당하면서 자연스럽게 기관지에 취직했어요.

하지만 중앙당은 제 적성에 맞지 않았어요. 2년 동안 기자로 있다가, 지역활동을 위해 거주지였던 마포로 왔어요. 처음엔 마포구을 지구당 사무국장으로 시작해서 2004년 국회의원 선거까지 출마했어요. 아무도 출마하지 않아서 제가 나간 거였는데, 사진과 출신이 무슨 국회의원 후보냐는 비아냥도 많이 들었어요. 그래도 한편으로 진보정당 후보에게 무한한 애정과 신뢰를 보내는 가난한 사람들을 만나게 됐고, 그 과정에서 제가 정치에 소질이 있다는 걸 발견했죠(웃음).

2008년 민주노동당이 분당되면서 정치에 대한 꿈에 크게 상처를 입었어요. 진보신당으로 당적을 바꿔서 출마를 했지만 이전처럼 신명 나지 않더라고요. 이후에는 앞서 말씀드린 것처럼 일상에서 시작하는 정치에 관심을 두게 되었어요.

2010년에는 전 재산에다 은행 대출까지 얻어 45일 동안 유럽 민중의 집에 직접 다녀왔다고 『민중의 집』에 적혀 있어서 놀랐어요. 집에서 반대하지는 않았나요?

정경섭 유럽 민중의 집에 직접 가보는 게 제 일생일대의 꿈이었어

민중의 집은 주민들이 일상에서부터 연대와 정치를 시작할 수 있는 공간이다.
낮에는 아이들의 소굴이, 아침과 저녁으로는 어른들의 아지트가 된다.

요. 2000년대 초반 누군가 일본책을 번역해 A4 몇 장 분량으로 소개한 민중의 집을 접하고 감동을 받아 마포에 민중의 집을 만든 거니 얼마나 가보고 싶었겠어요? 다녀온 뒤 책을 써서 민중의 집처럼 멋진 지역운동이 있다는 걸 소개하고도 싶었고요.

아내가 반대하기는커녕 같이 갔어요. 제가 영어를 못하니, 아내가 통역해주지 않으면 불가능한 프로젝트였어요. 이탈리아, 스웨덴, 스페인에 있는 민중의 집을 다녀왔는데, 직접 가보니 규모나 여러 가지 면에서 제가 생각한 것과 많이 달랐어요. 자연스러운 생활문화 공간을 동네에 만들어 사람들이 놀고, 먹고, 마시고, 배우고 있더라고요. 우리는 진보라고 하면 딱딱한 학습만 생각하는데 거기서는 유흥과 여가와 학습이 함께 섞여 있었어요.

많은 것을 배우고 와서 2년 동안 글을 써 2012년 『민중의 집』을 발간했어요. 민중의 집에 대한 자료가 워낙 없어서 시간이 많이 걸렸죠. 단순한 탐방기 이상을 쓰고 싶다는 욕심이 있었는데 생각처럼 되지는 않았습니다.

다른 종과 공존, 돌봄 통해 성숙하는 동물의 집, 우리동생

『민중의 집』을 낸 다음 해에 동물병원협동조합인 우리동생을 만들었어요. 어떤 문제의식에서였나요?

정경섭 우리동생 전에 현재는 '마포의료복지사회적협동조합'으로 전환한 마포의료생협을 2012년에 먼저 만들었어요. 마포의료생협을 민중의 집에서 준비할 때 '사람 병원만 협동조합으로 만들지 말고 동물병원도 같이 만들자'는 제안을 여러 번 들었어요. 그래서 조사를 많이 해봤는데 동물병원을 협동조합으로 만든 예가 없는 거예요. '우리가 과연 할 수 있을까' 토론을 심도 깊게 했어요. '하겠다'고 약속하면 지켜야 하니까요. 한다고 해놓고 못 하면 아무도 안 믿어 주잖아요.

마포에 있는 성소수자, 비혼, 1인 가구, 동물보호운동 하는 사람들이 탄탄한 버팀목이 되어 서로에게 확신을 심어주었기에 우리동생을 창립할 수 있었어요. 민중의 집에서부터 쌓인 경험이 새로운 시도에 대한 두려움을 없애기도 했고, 협동조합에 대해서도 다들 잘 이해하고 있었고요.

우리동생은 인간과 동물이 공존하는 마을을 목표로 만들어진
국내 유일의 협동조합동물병원이다.

우리동생은 민중의 집과 비교하자면 어떤 공간일까요?

정경섭 또 다른 하나의 민중의 집이라고 할 수 있어요. '동물의 집'이라고 할까요? 우리동생은 동물들에게 적합한 의료서비스를 제공할 뿐만 아니라 사람들도 함께 배우며 성장하는 공동체를 만들어가려고 해요. 우리동생은 협동조합 병원인 만큼 반려동물을 매개로 한 지역공동체를 만드는 데 힘쓰고 있어요. 우리동생에는 특히 1인 가구가 많거든요. 이들이 반려동물 덕분에 서로 만나 의지하고 연대하는 관계로 발전해요.

영국에는 '메이휴 애니멀 홈(Mayhew Animal Home)'이라는 실제 동물의 집이 있어요. 이곳에는 동물병원뿐 아니라 교육센터, 입양센터가 모두 함께 있는데, 우리동생이 참고하는 곳이에요. 우리나라는 반려동물을 키우는 사람들은 엄청나게 늘어났지만 의식은 거기에 못 미치고 있 잖아요? 우리동생에서도 앞으로 사람과 동물을 대상으로 하는 교육센터를 만들려고 해요. 왜냐하면 다른 종과 공존하는 게 얼마나 멋진 일인지 사람들이 더 잘 알 필요가 있거든요. 우리동생에서는 반려동물을 '우리 안의 자연'이라고 표현해요.

거기에 더해 메이휴처럼 유기동물을 보호하며 새로운 가족을 만날 수 있도록 돕는 입양센터까지 겸한다면 더 좋겠죠. 우리동생이라는 공간 안에서 '우리, 뭔가 해보자'라는 이야기가 무수히 오가고 있으니 성과가 있을 거라 믿어요.

반려동물과 함께 사는 건 개인의 취향 문제 정도라고 여겼는데, 거기에 '다른 종과의 공존'이라는 사회적 의미가 담겨있을 줄은 몰랐습니다.

정경섭 지금은 사람들이 스스로 자정할 수 없는 시대인 것 같아요. 대신 우리는 약한 생명체를 통해 성숙할 수 있어요. 돌봄의 대상보다 돌봄의 주체가 조금 더 성숙할 가능성이 있는 건 내 것을 아낌없이 줘야 되기 때문이에요. 반려동물은 사이클이 짧잖아요. 아이들은 반려동물과 함께 살면서 '아, 나이 들고 아플수록 누군가의 도움이 필요하구나, 우리도 그러겠구나'라는 걸 알게 되죠. 돌봄의 과정에서 우리가, 우리 사회가 조금이라도 좋은 방향으로 회복되었으면 하고 바라요.

반려동물 때문에 가족에 대한 개념도 확장되고 있어요. 청소년 정책연구소에서 설문조사를 해보니 청소년의 54%가 반려동물을 가족으로 여기고 있었어요. 이처럼 반려동물의 문제는 동물만의 문제가 아닌, 동물과 함께 사는 인간의 문제예요. 그런데 현재의 동물보호 관련 정책에는 오직 동물만 있어요. 동물과 함께 사는 사람에 대한 정책이 있어야 돼요. 반려동물과 행복하게 살아갈 수 있기 위한 사회시스템에 대해 고민해야 하고, 반려동물을 키우는 사람들에 대한 교육 및 책임감을 높이기 위한 각종 제도들도 연구해야 합니다.

우리동생이 앞으로 어떤 방향으로 나아갔으면 하나요?

정경섭 2015년 병원을 개원하고 인력 안정화를 하면서 여력이 없었는데, 지금은 '병원 안정화'와 함께 '사회적 진료'를 강화하겠다는 목표가 있어요. '사회적 진료'란 구체적으로 유기동물이나 길고양이, 저소득층의 반려동물 진료를 말해요. 조합원들의 조합비가 그 예산이 되는 건데, 우리동생의 사회적 의무, 책임과 역할이 조합원의 자부심으로 이어질 거라고 생각하고 있어요.

조합원의 요구는 '돌봄 네트워크'를 정착, 확장시키는 거예요. 출장이나 휴가 갈 때 애견호텔에 맡기는 경우가 대부분이었는데, 우리동생이라는 네트워크가 생기면서 조합원끼리 반려동물을 돌봐줄 수 있게 된 거죠. 지금까지 '돌봄'이 돈이 오가는 영역이었다면, 이제는 서로의 노동과 노동이 교환되는 돌봄공동체를 꿈꾸고 있어요. 물론 쉽지는 않겠죠. 저 개인적으로는 돌봄센터를 만들어, 소위 애견호텔의 역할도 하면서 커뮤니티도 가능한 공간을 만들고도 싶습니다.

민중의 집과 우리동생이 있는 마포에는 '성미산마을'이라는 유명한 지역 공동체가 있어요. 민중의 집과 우리동생이 자리 잡는 데 성미산마을의 덕이 크지 않았을까요?

정경섭 성미산마을이 크고 유명한 공동체라 민중의 집을 시작할 때 일부러 회원단체 요청을 하지 않았어요. 지역 노동조합, 시민단체에는 한 달에 3만원이나 5만 원을 내는 회원이 되어 달라고 요청을 드렸거든요. 다른 분들이 보실 때 성미산마을이 있으니 민중의 집이 가능한 거라고 여길까 봐 한발 떨어져 있었어요.

민중의 집이 제자리를 찾은 이후에는 성미산마을과 절묘하게 보완 관계를 이루고 있다고 생각해요. 성미산마을은 아이를 함께 키우면서 공동육아, 생협, 성미산학교 등으로 확장되고 있어요. 그렇지만 '아이'라는 공통의 화제를 갖지 못한 비혼이나 육아를 하지 않는 사람은 접근하기가 조금 어렵죠.

민중의 집이나 우리동생이 이를 보완할 수 있어요. 특히 우리동생에는 비혼이 압도적으로 많아요. 조합원들도 처음에는 20~30대 비혼 여성들이 많았고요. 지금은 우리동생 조합원이 1700명이 넘으니 아이가 있는 분들도 많이 가입하고 있지만요.

우리동생을 이끌어나가면서 힘든 점이 많았을 것 같아요. 특히 사업체를 꾸려 함께 경영을 한다는 게 보통 일이 아니었을 텐데요.

정경섭 네, 동물병원도 사업이기 때문에 경영에 많은 돈이 들어가거든요. 그런데 우리나라 대부분의 20~30대는 사업체를 경영해본 경험이 없잖아요. 사회 구조 속에서 노동자로만 살아봤으니까요. 그렇다 보니 경영이 익숙한 개념도 아니고 마냥 두렵기만 한 존재인 거죠. 돈이 몇 억 원씩 들어가고, 대출도 받아야 하니까요. 저도 개인 대출을 했고요.

그런데 돈을 빌리는 과정에서 생기는 두려움이야 자연스러운 거라 쳐도, 경영이라는 단어가 자본가의 단어가 아닌 우리의 단어가 되어야 한다는 걸 절실히 느꼈어요. 그렇지 않으면 자신감을 만들 수도, 도전을 할 수도 없어요. 경영이 우리 것이 되어야 우리가 만든 만남의 공간에서 뭔가를 창출하면서 운영할 수 있어요.

예를 들어 예순이 되어 퇴직하신 분들을 보면 하청업체나 비정규직 일자리라도 다시 얻기 위해 노력하시는데, 퇴직자들끼리 각자 천만 원 정도 출자해서 뭔가 새롭게 만드는 게 더 좋지 않을까요? 내가 무언가 할 수 있을 거라는 자신감이 없고, 주변에서 나와 같이 할 사람을 찾지 못해 못하는 거거든요. 스스로가 주체가 돼서 자신의 노동을 만들어내는 삶을 사는 사람들이 많아지는 사회가 되면 좋겠어요. 그래야 억압받는 안 좋은 일자리도 줄어들 테고요.

그러려면 우선 경영에 익숙해져야 하는데, 그러기 위해 노동자든 전업주부든 한 가지 이상의 경영모임에 참여해야 한다고 생각해요. 소비자협동조합이 경영모임의 아주 좋은 예예요. 자기 주변에 있는 협동조합에 조합원으로 참여하면 사람들과 만나고 배우면서 자신감을 얻고 함께할 사람도 찾을 수 있어요. 경영의 스킬도 학습할 수 있고요.

휴대폰과 반려동물용품 사면서
사회운동단체에 기부까지

'경영'이라는 단어가 자본가가 아닌 보통 사람의 언어여야 한다는 건 고용과 성장 부재의 현 상황에서 새겨볼 만한 이야기라고 생각해요. 2015년에는 한국 최초의 공동체이익회사 굿바이를 세웠어요. 어떤 의미를 가진 기업인가요?

정경섭 공동체이익회사란 이윤과 자산을 회사 소유주나 주주가 아닌 공공선을 위해 사용하는 기업이에요. 맨처음 등장한 건 2004년 영국에서였어요. 사회적기업 활동을 촉진하기 위해 도입되었죠.

제가 2016년 영국에 가서 본 공동체이익회사는 '민와일 스페이스 (Meanwhile Space)'라는 부동산 회사였어요. 영국은 빈 건물이라도 건물주가 세금을 내야 하거든요. 민와일 스페이스가 그런 빈 공간을 사회단체나 청년들에게 저렴하게 매칭시켜주는 일을 하더라고요. 현재 영국에는 약 8000개의 공동체이익회사가 있다고 합니다.

2015년에 설립된 굿바이 역시 이윤을 사적으로 배분하지 않아요. 굿바이는 사회운동단체의 재정 자립을 목표로 세워진 공동체이익회사예요. 사회운동단체는 회원이 매달 내는 회비로 운영이 되는데, 여기에 새로운 자금, 즉 기부금이 들어오면 더 많은 사업을 벌일 수 있고, 상근활동가도 좀 더 나은 급여를 받을 수 있잖아요. 그래서 굿바이는 우리가 쓰는 일상 소비 가운데 일부분을 사회운동단체로 흘러들어가게 해 우리 사회의 풀뿌리운동을 강화시키려고 했어요.

공동체이익회사 굿바이는 피플모바일을 통해
휴대폰 개통 수수료 중 70%를 소비자가 원하는 단체에 기부할 수 있도록 했다.

굿바이의 사업 분야는 휴대폰 대리점 사업 '피플모바일'과 반려동물 수제간식 판매예요. 피플모바일은 소비자가 휴대폰을 구입하면 10~30만원 정도하는 개통 수수료 중 70%를 소비자가 원하는 단체에 기부할 수 있도록 했어요. 2017년 10월 기준 기부협약 단체는 186개예요.

피플모바일 사업으로 기부가 얼마나 이뤄졌나요? 더불어 수제간식 사업 개발과 유통 과정도 궁금합니다.

정경섭 애석하게도 피플모바일의 시도는 실패로 끝나고 말았습니다. 휴대폰 시장이 심각한 레드오션이었어요. 경쟁이 너무도 치열한데 저희는 전문성이 부족했어요. 피플모바일 초기에는 매월 50~60대씩 팔렸는데 이후에도 판매대수가 늘어나지 않고 오히려 줄기까지 했어요. 한 명이 피플모바일 사업을 전담하는 게 보통 일이 아니기도 했고요.

단통법 시행 후에도 대리점에서 구매자에게 개통 수수료를 불법으로 주는 경우들이 있다 보니, 피플모바일에서 휴대폰을 구입하고 이윤을 시민사회단체에 기부하게 만들기가 쉽지 않았어요. 2년 동안 피플모바일에서 4000만 원 정도 기부했어요. 당초 목표였던 2억 원에는 턱없이 모자라죠. 그래서 2017년 12월부터 피플모바일은 접고, 반려동물 사업에 집중하기로 했어요. 회사 이름도 굿바이에서 '동물의집'으로 바꾸고요.

반려동물 수제간식 사업도 문제가 많았어요. 2015년 6월에 국내산 닭이나 오리 등 무항생제 원재료로 만든 반려동물 수제간식이 첫 출시되었고, 매출의 일정액이 브랜드 로열티 명목으로 우리동생에 지급되어 동물병원의 운영을 돕는 데 쓰였어요. 수제간식은 우리동생뿐 아니라 아이쿱, 두레 등 300개 생협매장에서도 팔렸어요. 그런데 2016년 겨울 조류독감의 여파로 수제간식 생산이 중단된 데다 협력공장에 불까지 났어요. 그래서 2017년 여름까지 생산이 중단되었고 여기저기 돈 빌리러 다니느라 정신이 없었어요. 2016년 11월부터 2017년 6월까지는 매출이 없었고, 7월부터 다시 수제간식을 제작해서 생협 매장에 납품하고 있습니다.

좋은 목적을 가지고 시작한 사업이었는데, 힘든 일들이 연속적으로 일어나 암담했을 것 같습니다.

굿바이는 동물의집으로 사명을 바꾸고 반려동물 사업에 집중하기로 했다. 조류독감에 영향을 받지 않는 수제간식 신제품 6종을 새로 개발하는 등 다시 도약을 준비하고 있다.

정경섭 네. 농담이 아니라 제 인생에서 가장 어둡고 긴 터널같은 시간이었어요. 피플모바일도 실패했고, 반려동물 간식 사업도 1년 동안 손가락만 빨고 있었으니까요(웃음). 빚을 2억 원도 넘게 지게 되면서 자신감도 바닥을 쳤어요.

그래도 하나씩 하나씩 내부 정비를 했어요. 2017년 5월에는 굿바이가 예비사회적기업으로 지정되었고, 8월에는 마포문화비축기지에 굿바이가 입주하게 되어 임대료를 10분의 1로 줄였어요. 굿바이 주주들과 협의해서 회사를 재정비하기로 하면서 조류독감에 영향을 받지 않는 수제간식 신제품 6종을 새로 개발하기도 했어요.

그렇지만 애초 굿바이가 추구하는 공동체이익회사의 성격은 놓치지 않고 여전히 가지고 있어요. 이제까지는 돈을 까먹기만 했지만, 내년에는 좀 나아질 거 같아요. 회사의 이윤을 지역에 환원하는 작업을 충분히 할 수 있을 것으로 기대하고 있습니다.

굿바이의 외형이 변한다고 해도 그 정신은 변함이 없는 거군요. 굿바이 홈페이지 첫 화면이 아주 인상적이었어요. '돈만 아는 자본주의 Goodbye', '더불어 사는 능동적 소비'라는 구절이 등장하더라고요. 굿바이만의 경영 철학은 무엇인가요?

정경섭 저희는 '능동적 소비', '생성의 경제'라는 철학으로 사업을 하고 있어요. 능동적 소비는 소비자가 물건에 대한 이윤을 인지하고, 그 이윤의 배분 과정에 직접 참여할 수 있도록 하는 거예요. 기존 소비자는 물건을 살 때 그 물건에 대한 이윤이 어디로 흘러가는지 관심도 없고 통제하지도 못하죠. 그런데 저희는 소비자가 직접 알게 하는 방식이에요. 피플모바일의 사업에서 보셨듯이요.

생성의 경제는 돈을 주고받으면서 관계망을 두텁게 만드는 작업이에요. 예를 들어 철수 어머니가 하는 떡볶이 집에 가서 떡볶이를 먹으면서 저와 철수 어머니의 관계가 돈독해지죠. 그런데 대량생산에 따른 소비를 하면서는 관계가 형성된다는 생각을 아예 안 하게 돼요. 그냥 소비일 뿐이죠. 하지만 소비는 누군가에게 돈을 지불해서 그 사람을 먹여 살리고, 나에게 필요한 것을 갖게 하는 행위잖아요. 관계망을 만드는 작업이 제가 주목하는 생성의 경제예요.

서로서로 돌보는 공동체경제
비자본주의적 삶, 가능하다

'생성의 경제' 개념을 동네에서 실현시키기 위해 마포구 소상공인들과 함께 '마포공동체경제네트워크 모아(이하 모아)'를 결성했다고 들었어요. 시민운동을 하는 분들만의 모임이 아닌 지역 소상공인들과 단체를 만들었다는 점이 흥미로운데, 어떻게 인연이 맺어졌나요?

정경섭 민중의 집을 시작할 때부터 지역에 경제연대를 만들어야겠다고 생각했어요. 망원동 홈플러스 입점 문제나 홍익대 걷고 싶은 거리에 750억 원짜리 지하상가 및 주차장 만드는 문제가 있었을 때 지역 상인들과 연대해 백지화시켰어요. 공사를 몇 년 하게 되면 그 기간 동안 근처 가게들은 장사를 망칠 수밖에 없었던 건데, 굉장한 성과죠. 그 과정에서 인근 상인들이 저희를 인정하고 좋아하게 됐어요.

모아는 그러한 신뢰를 바탕으로 2015년 12월 만들어진 거예요. 마포의 다양한 공동체의 힘을 모으자는 의미에서 이름도 모아라고 지은 거고요. 사회적기업, 협동조합뿐 아니라 망원시장 상인회, 홍익대 인근 상인들, 동네 자영업자, 시민단체, 정당, 노동조합, 개별 소비자 등이 모두 주인공이 될 수 있는 경제네트워크를 꾸린 거예요.

모아에서는 그동안 경제활동의 대상일 뿐이었던 소비자가 경제행위의 주체가 되고, 생산·유통·소비 활동에서 발생하는 잉여와 부가가치가 공동체 내부에 머물도록 하려고 해요. 서로서로 돌봄으로써 새로운 질서를 만드는 네트워크지요.

모아에 소속된 공동체 가게들에서는 소비자들이 마포의 지역화폐를 사용할 수 있어요. 공동체 가게들은 수익의 일부를 지역공동체 기금으로 내고요. 우리동생도 모아의 공동체 가게 가운데 하나예요. 모아는 좋은 소비를 가능하게 하고, 가게의 매출도 올리고, 소비의 결과가 대기업 등 외부로 유출되지 않고 지역 내에 순환되도록 해요. 경제 연대를 위한 새로운 시도이니만큼 쉽지 않은 도전이 될 것으로 보이지만, 현재 모아의 운영진들이 워낙 훌륭한 분들이라 저도 큰 기대를 걸고 있습니다.

저서 『민중의 집』에서 "이념 있는 마을을 만들어야 된다"라고 썼는데, 마포구를 이념 있는 마을로 만들려고 다방면에서 뛰고 있군요.

정경섭 이념이라고 하기는 그렇고요, '비(非)자본주의적 삶의 방식'이라고 표현하면 맞을 것 같아요. 반(反)자본주의 하면 너무 세고요. 반자본주의로 살자면 월급을 받아도 안 되고, 어디 가서 임금 노동자를 할 수도 없잖아요? 그렇게 사는 건 불가능할 뿐더러, 시도할 것도 별로 없어요. 그래서 비자본주의적 삶의 방식이 자리 잡는 공간을 만드는 게 '이념이 있는 지역운동'이라고 생각했죠.

더 정확하게 말하면 일상생활에서 먹고 사는 문제를 자본주의 방식이 아닌 협동조합 방식으로, 그리고 개별 단체에서 끝내지 않고 네트워크로 만들어야 돼요. 자신의 일상을 둘러싼 문제와 욕구가 여러 단체의 협업으로 해결되는 거죠. 동물병원협동조합에서 노동조합, 시민단체에 속한 사람도 만나고, 상인회도 만나면서 서로 섞이고 단체

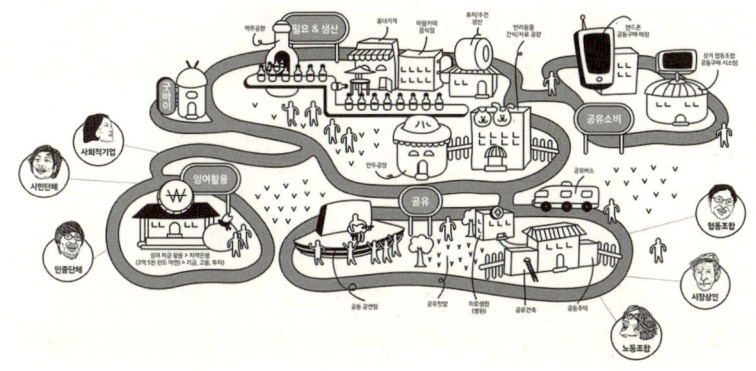

모아에서는 경제활동의 대상일 뿐이었던 소비자가 경제행위의 주체가 되고, 생산·유통·소비 활동에서 발생하는 잉여와 부가가치가 공동체 내부에 머무르도록 한다.

가입도 중복으로 해서 3중, 4중 멤버십을 갖게 만드는 거예요.

스웨덴 민중의 집이 100년 전에 그랬대요. 서로 "아직 협동조합 조합원 아니야?", "노동조합에 가입 안 했어?" 이러면서 협동조합, 노동조합, 진보정당이 발전했다고 해요. 동네에서 치열하게 서로를 자극했기 때문에 스웨덴 모델이 나왔다고 생각해요. 이러한 멤버십을 만드는 것이 중요한 지역운동의 전략인 거죠. 그 과정에서 일자리도 많이 생기고요.

소극적인 의미의 정치가 정당의 당원이 되고 투표하고 법 제도를 바꾸는 거라면, 적극적인 의미의 정치는 주민이 스스로 필요한 것을 해결하기 위해 직접 모임을 결성하고 모임을 민주적으로 운영하면서 자신들의 필요를 충족하는 거예요.

정당 활동할 때는 '이건 아닌데'라는 생각이 많이 들었다고 했는데, 민중의 집, 우리동생, 굿바이와 같은 지역공동체 활동을 이야기할 때는 확신이 넘치는 게 느껴집니다. 마지막으로, 지역공동체를 꾸리려고 계획하는 사람들에게 한 마디 부탁합니다.

정경섭 '이건 아닌데'라는 생각은 분명히 없어졌습니다. 지역 활동을 10년, 20년 더 하게 되면 분명히 어떤 일이 이루어질 거라는 확신이 생겼어요. 가장 중요한 건 의기투합할 수 있는 사람을 만나는 거예요. 동지를 어떻게 하면 만날 수 있을까 노력해야 돼요. 삼국지를 보면 유비가 사람을 얻을 때 길거리에 돗자리 깔아놓고 이야기해보자고 하면서 가르침을 받으려고 하잖아요. 함께할 사람을 찾기 위해 유비와 같이 노력해야 한다고 생각해요.

저희가 일구는 공동체도 아직은 아이 같아서 면역력도 부족하고 위태로워 보이지만, 이 안에서 수많은 사연들이 얽히고 설켜서 무수히 많은 긍정적인 일들이 일어날 거라고 생각해요. 우리, 주저하지 말고 앞으로 나아가요!

인터뷰 후기

—

도전은 두렵지 않아요, 함께하는 사람이 있으니!

그는 인터뷰 내내 긍정적인 에너지를 뿜어냈다. 새로운 시도를 끊임없이 하는 원동력을 묻는 질문에 열 번 넘게 대학시험을 보면서 어떤 도전에도 덤덤할 수 있는 자신감을 가졌다고 웃었다. 집안이 풍족해서, 후견인이 있어서 도전하는 게 아니었다. 유럽 민중의 집을 탐방하기 위해 전 재산을 걸었고, 돌아와서는 의료생협을 만들고 동물병원협동조합을 운영하고 있다. 공동체이익회사도 세웠다. 그 과정에서도 개인 대출은 계속되고 있다.

그가 벌인 새로운 활동은 혼자만 승승장구하는 것들과는 거리가 멀다. 마포 지역 활동가와 소상공인들과 끊임없이 연대하는 그의 모습에서 자본이 없는 사람들이 존엄하게 살아가는 방식을 배울 수 있었다. 이탈리아 노동자들이 잔돈을 모아 민중의 집이라는 공간을 꾸렸듯이 서로의 돈을 모아 일자리를 만들고, 대기업 위주가 아닌 지역 소상인과 상생할 수 있는 경제를 꾸리는 것. 이것이 저성장 시대 혹은 성장종언 시대에 새로운 일자리와 경제, 그리고 공동체를 살릴 수 있는 방법일 테다.

그에게 또 새롭게 추진하는 게 있느냐고 물으니 집값 상승이나 젠트리피케이션에 대한 대책으로 부동산 사업을 준비한단다. 지역에서 활동하고 싶어도 집값, 가게값이 언제 오를지 몰라 항상 불안한 사람들을 위해 무언가를 해야겠다는 결심을 했다고. 정현백의 『주거유토피아를 꿈꾸는 사람들』을 밤새 읽고 큰 감동을 받았다는 그를 보며, 그가 가진 에너지가 참으로 부러웠다.

07

공개하고 나눌수록 더 커지고 강해진다

메이커교육실천 회장 이지선에게 듣는

공유와 협력의
메이커운동 이야기

> 메이커운동의 핵심은
> 뭔가를 끊임없이 배우고 만든다는 건데,
> 그걸 '자신의 아이디어'로 만든다는 것이 중요해요.
> 다만 스스로 하되 협동해서 하는 거죠.
> 공유와 협력, 이걸 놓치면 안 돼요.
> 혼자 하는 것이 아니라 남의 도움을 받아서 스스로 하는 거예요.
> 다른 사람들과 교환가치를 생각하지 않고
> 아이디어와 기술을 나누고 토론하는 공유의 메이커 문화가
> 너무나 멋져 제 인생을 걸고 싶더라고요.

메이커교육실천

-

'메이커교육실천(Maker Education Korea)'은 2015년 12월 결성된 뒤 외국의 메이커교육 책자를 소개하고 번역한다. 또 '영메이커 프로젝트 시즌 1·2·3'을 진행하고 있다. 메이커교육실천은 '다 같이 만들자!', '즐기고 남기자!', '배워서 남 주자!'라는 메이커교육 선언을 만들고, 메이커교육이 '우리의 교육을 변화 시킬 것'이라는 믿음 아래 '모두가 함께 배우고 서로를 변화시키는' 세상을 만들기 위해 노력하고 있다.

이지선 _ 메이커교육실천 회장, 숙명여대 교수

-

92학번으로 산업디자인과에 입학했다. 대학 시절 아르바이트를 하던 중 우연히 인터넷과 테크놀로지 분야를 알게 되어 관심을 가졌고, 삼성전자 훈민정음팀, 네오위즈 세이클럽, 야후 코리아 등 한국 초기 인터넷 사업의 핵심에서 일했다.

이후 뉴욕대학교에서 공부하던 2007년 메어커페어(maker faire)에 메이커로 처음 참가했고, 메이커페어에서 소통과 공유를 경험한 뒤 메이커운동가가 되었다.

한국에 돌아와 서울대학교에서 디자인학으로 박사학위를 받고 미디어아티스트, IT 경영전략 컨설턴트, 메이커교육 전문가, 숙명여자대학교 시각·영상디자인학과 교수로 왕성한 활동을 하고 있다.

또한 '메이커교육실천'을 설립하고 초대 회장직을 맡아 메이커운동을 알리고 있으며, 딸 혜나와 직접 바느질 회로를 만드는 등 메이커로도 적극적으로 활동하고 있다. 저서로 『반짝반짝 바느질 회로 만들기』, 『Make: Tech DIY』가 있다.

지금은 메이커의 시대
스스로 만들고 공유하고 협력하자

우선 메이커와 메이커운동(maker movement)의 정확한 개념이 궁금해요. 언론을 통해 소개된 메이커운동은 IT 분야의 소프트웨어가 기반인 경우가 대부분인데요.

이지선 메이커운동은 소프트웨어가 중심이 아니에요. 한국에서 잘못 이해하고 있는 부분이라고 할 수 있어요. 미국에서는 인구의 3분의 1인 1억 명을 메이커, 즉 '만드는 사람'으로 산정해요. 흔히 자기 집 차고에서 수리하거나 뭔가 만드는 사람을 모두 메이커라고 생각하죠. 집에서 뜨개질하고 요리하는 사람도 모두 메이커예요.

제가 늘 이야기하는 게 "크리스 앤더슨(Chris Anderson)의 『메이커스(Makers)』에 나오는 개념을 버려라"는 거예요. 그는 디지털과 경제 분야를 콕 집어서 강조하지만, 메이커는 '만드는 사람 모두'를 의미하니까요.

미국 유학 시절 메이커운동의 공유와 협력의 정신에 반한 이지선은
딸 혜나와 함께 바느질 회로를 만드는 등 메이커로도 활발히 활동 중이다.

다만 디지털 시대에 메이커가 각광받게 된 건 혼자 무언가를 만들던 때와 달리 인터넷을 통해 자신의 방법을 공유하고 다른 사람의 방법을 배울 수 있기 때문이에요. 메이커운동은 혼자 하는 게 아닌 '공유'와 '협력'을 중요시하는 활동이에요. 나의 방법을 다른 사람과 공유하는 데 운동의 의의가 있어요.

메이커운동 하면 막연히 IT와 관련된 어떤 것이라고 생각했는데, 오해였군요.

이지선 메이커운동을 4차 산업혁명의 새로운 테크놀로지 비즈니스 형태라고 이해하는 경우가 있는데, 그렇지 않아요. 작은집 만들기 운동에 참여하는 사람, 적정기술이나 공예를 하는 사람, 모두 메이커에요. 세계 곳곳에서 열리는 메이커페어에 가보면 패션이나 공예 분야가 꽤 많아요. 메이커페어를 이끌고 있는 데일 도허티(Dale Dougherty) 역시 공예 분야에 많은 관심을 쏟고 있고요. 소프트웨어를 아예 쓰지 않는 분야가 엄청나게 많은 거죠.

메이커운동을 디지털 부분으로 한정해서 본다면 '풀뿌리 기술 민주주의'라는 개념과 통해요. 기술에 대해 유토피아적인 생각을 가지고 있는 건데 디지털 시대에 어떤 방식으로 각자가 가진 기술을 공유하고 나눌 수 있을까, 어떻게 협업해서 이상적인 삶을 꾸릴 수 있을까를 고민하는 운동이라고 할 수 있어요. 그래서 메이커운동에서 가장 강조하는 건 기술이 아니라 커뮤니티예요.

메이커운동의 핵심은 뭔가를 끊임없이 배우고 만든다는 건데, 그걸 '자신의 아이디어'로 만든다는 것이 중요해요. 다만 스스로 하되 협동해서 하는 거죠. 다시 한번 강조하지만 공유와 협력, 이걸 놓치면 안 돼요. 혼자 하는 것이 아니라 남의 도움을 받아서 스스로 하는 거예요. 메이커운동에는 자기 나름의 철학을 가지고 있는 것을 존중해주는 문화가 있어요. 서로 존중하고 배우고 나누는 게 메이커운동이 붐업이 된 이유일 거예요.

메이커페어에 직접 참가한 적도 있나요?

이지선 2007년부터 참가하고 있어요. 2015년에 제 딸과 함께 미국에서 열린 메이커페어 10주년에 참여한 게 기억에 남네요. 58개국에서 1800명가량의 메이커가 왔고 한국에서는 저와 제 딸, 성균관대 학생 한 팀이 참여했어요. 3일 동안 돌아다녀도 다 못 볼 정도로 엄청난 규모였어요.

　전시에 참여한 학생들이 "이런 곳인지 몰랐어요"라고 하더라고요. 무슨 뜻이냐면, 엄청나게 대단한 것들을 만드는 사람이 가득할 줄 알았는데 바느질하는 할머니, 수공예 하는 할아버지 들이 잔뜩 모인 도떼기시장 같았거든요(웃음). '미국 바느질 협회(the national needlearts association, TNNA)'에서도 메이커페어에 참여했는데 대부분이 할머니였어요. 할머니들이 털실로 뜨개질하는 법을 그 자리에서 바로 가르쳐주셨는데, 제 딸은 그 할머니들과 인생 이야기를 나누고 친구가 됐어요. 메이커페어는 그런 게 가능한 곳이에요. 초등학생인 제 딸도 전시자로, 참여자로 동등하게 대접을 해주는 곳이죠.

　잠깐 메이커페어에 대해 소개하자면, 미국 IT 출판사 '오라일리'의 공동 창업자이며, 위키피디아나 UCC처럼 인터넷에서 누구나 데이터를 생산하고 공유할 수 있는 '웹 2.0'이라는 개념을 최초로 만든 데일 도허티가 2006년 미국에서 시작한 거예요. 그는 2005년 메이커를 위한 테크놀로지 D.I.Y. 매거진 《Make》를 창간하고, 이듬해 메이커페어를 열었어요. 연령과 직업에 관계없이 메이커들이 자발적으로 참여하는 축제인 메이커페어는 자신들이 배우고 익힌 기술을 나누고 선보이는 장이에요. 주최자가 아닌 참여하는 사람들이 만들어나가는 축제죠. 현재 일본·이탈리아·노르웨이·프랑스·우리나라 등 세계 곳곳에서 메이커페어가 열리고 있어요.

메이커운동에는 어떻게 참여하게 되었나요?

이지선 대학 다니면서 아르바이트를 할 때 컴퓨터를 처음 사용해 봤어요. 인터넷도 그때 접했죠. 놀라운 충격이었어요. 니그로폰테 교수의 『디지털이다』를 읽고도 영감을 많이 받았고요. 첫 직장은 삼성전자 훈민정음 팀이었어요. 그 다음에는 네오위즈에서 세이클럽을 개발했고요. 야후코리아와 삼성의 컨설팅회사인 오픈타이드 코리아에서도 일했어요.

여러 직장들을 거치면서 소프트웨어 개발자 일을 한 거죠. 그런데 당시는 지금과 다르게 소프트웨어 개발의 중요성을 잘 알아주지 않던 때라 혁신적인 아이디어를 내도 채택되지 못하는 일이 빈번했어요. 그런 일이 반복되면서 유학을 결심했죠.

당시 사귀던 사람이 있었는데 결혼하고 유학 가라 그래서 결혼하자마자 미국의 뉴욕대학교로 가서 테크놀로지와 창의적인 아이디어를 결합해 개발하는 '인터랙티브 텔레커뮤니케이션' 공부를 했어요. 그런데 미국에서 공부하던 중 덜컥 아이가 생겼어요. 한국에 나와 아이를 낳고 아이가 어렸을 때 유학을 빨리 마치는 게 좋을 것 같아 아이가 돌이 되었을 무렵 다시 미국으로 갔어요.

아이가 15개월 때쯤 블록을 케이크처럼 쌓고 맨 위에 초가 달린 블록을 꽂고는 후 부는 걸 계속 반복하며 좋아하는 영상을 남편이 찍어 보냈더라고요. 그걸 보고 아이가 초를 끌 때 엄마 목소리가 나오면 좋겠다는 생각이 들더라고요. 그래서 만든 게 '인터랙티브 케이크(interactive cake)'예요. 블록을 제자리에 끼우면 불이 켜지고, 맨 위에 초를 꽂으면 생일 축하 노래가 나오고, 후 불면 엄마 목소리가 나오도록 만든 거예요.

이지선은 2007년 메이커페어에 블록을 제자리에 끼우면 불이 켜지고 초를 꽂으면 생일 축하노래가 나오는 인터랙티브 케이크를 첫 출품했다

톰 아이고(Tom Igoe) 교수가 이 케이크를 보고는 메이커페어에 나가 보면 어떻겠느냐고 해서, 2007년 미국 산마테오에서 열린 메이커페어에 처음 나가게 됐어요. 제 작품은 3~12세 아이들에게 특히 큰 호응을 얻었어요. 그때 메이커페어에 참여한 건 인생을 바꿀 만한 경험이었답니다. 다른 사람들과 교환가치를 생각하지 않고 아이디어와 기술을 나누고 토론하는 공유의 문화가 너무나 멋져 제 인생을 걸고 싶더라고요.

또 하나 메이커페어에서 깨달은 건 테크놀로지, 즉 기술이 반드시 유용할 필요는 없다는 사실이었어요. 함께 즐길 가족이나 친구가 있으면 충분한 거였어요. 메이커페어에서 가장 인기 있는 부스가 5센트를 넣으면 콧구멍을 쑤시는 로봇이었어요. 별 쓸모는 없지만 사람들에게 큰 즐거움을 안겨주었죠.

반짝반짝 바느질 회로
엄마와 아이도 이제 메이커

뭐든 돈이 된다면 팔려고 하는 자본주의 사회에서, 공짜로 공유하고 쓸 모없는 것을 만들어도 되는 메이커운동은 어떤 의미를 지닐까요?

이지선 마크 해치(Mark Hatch)가 쓴 『메이커운동 선언(The Maker Movement Manifesto)』이라는 책이 있어요. 마크 해치가 강조하는 건 첫 번째가 '만들자', 두 번째가 '나누자', 세 번째가 '주자'예요. 다른 사람과 공유함으로써 이타적 행위를 실천하는 것이 강조되어 있죠. 여기에는 만든 사람의 영혼이 담긴 물건을 다른 사람에게 줌으로써 '영혼을 확산한다'는 의미도 포함되어 있어요. 하지만 메이커운동 선언 그 어디에도 '팔자'는 없어요.

'영혼을 확산한다'라는 표현이 독특하네요. 그런데 팔지 않을 걸 왜 만드냐고 생각할 수도 있지 않을까요?

이지선 제발 '팔기'에 연연하지 않았으면 좋겠어요(웃음). 미국에서는 특허나 라이선스 개념도 많이 바뀌고 있어요. 오픈 소프트웨어에는 '자유 라이선스' 같은 것이 있어요. 일정한 조건만 지키면 자유로이 이용할 수 있는 '크리에이티브 커먼즈 라이선스(creative commons license)' 같은 거죠. 메이커운동에서 많이 언급되는 아두이노(Arduino)의 경우 오픈 소스라 누구나 자유롭게 정보를 공유할 수 있죠. 민간 드론 시장을 이

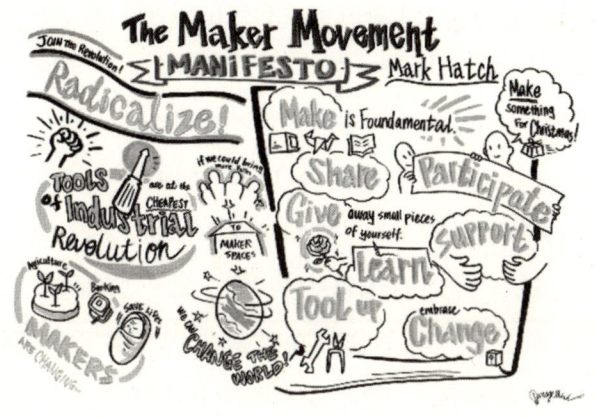

마크 해치의 '메이커운동 선언'은 '만들자·나누자·주자·배우자·도구를 갖추자
·참여하자·후원하자·변화하자' 등의 내용을 담고 있다.

끌고 있는 드론회사, 3D로보틱스(3D Robotics)가 성공한 건 소스를 오픈했기 때문이에요. 다른 회사도 있는데 사람들이 이 회사에서 고가의 장비를 구입하는 이유는 드론이 고장 났을 때 스스로 고칠 수 있기 때문이에요. 중요한 정보를 공개해도 다양한 이용자들의 참여를 통해 더 강력한 경쟁력을 가지게 되는 거죠.

이야기를 이지선의 활동에 맞춰볼게요. 〈세상을 바꾸는 시간, 15분〉의 강연에서 여성을 위한 과학, 기술을 강조한 점이 인상적이었는데요. 직접 활동하는 메이커운동에도 여성과 기술이라는 부분이 강조되고 있나요?

이지선 메이커페어가 멋졌지만 아쉬운 게 하나 있었어요. 여성 참여가 저조하더라고요. 메이커페어에는 가족 단위 참가자들이 많이 오는데 수많은 테크놀로지 관련 프로젝트가 있어도 여자아이들이나 엄마들이 적극적으로 참여하지 않더라고요. 너무 안타까웠어요. 제가 IT 분야의 남성 개발자들 사이에서 십여 년 넘게 거의 홍일점으로 일하면서 느꼈던 바가 있었기에, 공유와 협력의 메이커운동 영역에서만큼은 남녀가 함께 참여하는 문화를 만들고 싶었어요.

메이커페어를 꼼꼼히 살펴보니 대부분의 프로젝트가 여자아이들이 좋아할 만한 것이 아니더라고요. 그래서 여자아이들도 흥미를 가지고 테크놀로지를 배울 만한 프로젝트를 고민했어요. 테크놀로지라고 하니까 거창해보이지만, 컴퓨터나 전기, 전자를 하는 사람만 다루는 영역이 아니에요. 오픈 소스와 크라우드소싱이 확산되면서 누구나 쉽게 테크놀로지에 접근할 수 있게 됐으니까요. 이렇게 테크놀로지 분야가 빠르게 성장하고 있는데, 아이들이 그 분야에 경험이 없다면, 또 성 불균형이 심해진다면 곤란하겠다 싶었어요. 테크놀로지가 어른인 남자에게만 집중된다면 인류의 창의적 발전도 딱 그만큼밖에 이룰 수 없을 거잖아요. 여성이 테크놀로지에 흥미를 덜 느끼게 된 것도 오랫동안 고정된 성 역할 분담의 결과일 뿐이고요.

테크놀로지를 배우고 만드는 일은 정말 중요해요. 우리는 테크놀로지에 둘러싸여 살고 있지만 대부분의 테크놀로지는 작은 상자 안에 갇혀있어 우리가 그 원리를 알 수가 없어요. 직접 만들어봐야 원리를 이해하고 새로운 발전을 이룰 수 있어요. 물론 테크놀로지는 도구일 뿐이에요. 창의적인 아이디어를 현실화시키는 데 필요한 거죠.

이러한 문제의식으로 'Tech DIY' 프로젝트를 시작했어요. 엄마와 아이가 같이 만들어보는 테크놀로지 크래프트 프로젝트인데요. 이 프로젝트를 처음 시작한 2007년에 때마침 전기가 통하는 전도성 실이 나와 '웨어러블 컴퓨팅(wearable computing)'에 사용되고 있어서, 전도성 실로 손바느질 작업을 하면 좋겠다 싶었어요.

엄마와 함께 테크놀로지를 경험하는 건 기술적인 성 격차를 줄이는 데 확실히 도움이 되겠네요. 손바느질 작업이니 접근성도 좋고요.

이지선 Tech DIY 개발 초기에는 뉴욕 맨허튼에 거주하는 엄마와 아이들을 대상으로 워크숍을 진행했는데 반응이 아주 좋았어요. 손바느질 작업에 회로의 기본적인 원리를 더해 쉽게 시작할 수 있도록 프로그램을 만들었는데요. 전기전자의 기본 원리부터 센서를 활용하는 법, 마이크로 컨트롤러를 쓰는 법까지 단계별 과정으로 구성했어요. 초등학생들이 프로젝트를 어렵게 느낄까 걱정했는데 4학년 이상 아이들은 거의 다 혼자 모든 과정을 진행하고 프로젝트를 완성하더라고요.

Tech DIY는 테크놀로지로 작품을 만드는 게 목적이 아니에요. Tech DIY를 함께하며 자신만의 아이디어를 적용시켜보는 게 중요해요. www.TechDIY.org에 모든 콘텐츠를 공개해놓았으니 아이들과 함께해보시길 권해드려요.

Tech DIY 프로젝트는 구체적으로 어떤 내용을 담고 있나요?

이지선 각 과정별로 다섯 개의 단계로 이뤄져요. 전기전자의 기초

지식을 배우고(learn), 자신만의 새로운 아이디어를 스케치하고(ideate), 완성된 스케치 위에 전기전자 회로도를 디자인하고(design), 손바느질을 이용해 작품을 완성한 뒤(make), 작품을 공유하는 거죠(share).

총 일곱 가지 과정인데요. 기초회로를 이용한 '즐거운 나의 집', 스위치를 이용한 '윙크하는 토끼', 직렬회로와 병렬회로를 이용한 '웁스! 로봇', 전류와 전압을 조절해 만드는 'LED 알파벳 마그네틱', 조도 센서를 이용한 '어두운 밤친구, 고양이 팔찌', 555 타이머를 이용한 '메리 크리스마스', 솔라셀을 이용한 '태양광 주택'이에요.

예를 들어, 윙크하는 토끼는 LED 하나를 스위치로 켜고 끄는 기술에 아이디어를 넣어 작품을 만드는 거예요. 한쪽 귀로 눈을 가리면 반대쪽 눈에 LED가 켜져 윙크하는 토끼가 돼요. 테크놀로지를 배운 다음에는 자신만의 아이디어가 담긴 작품을 얼마든지 만들 수 있어요. 두 사람이 손을 잡으면 불이 켜지는 인형을 만들 수도 있고, 방울을 울리면 코에 빨간 불이 들어오는 루돌프를 만들 수도 있어요.

1시간 반에서 2시간 정도면 아이들도 충분히 자신의 작품을 만들더라고요. 반짝이는 아이디어들을 보면 감탄하게 돼요.

와, 아주 재밌는 작업이군요. Tech DIY를 적용해 메이커페어에 출품한 다른 작품도 궁금합니다.

이지선 2008년 텍사스에서 열린 메이커페어에 출품했던 건데요. '임금님 귀는 당나귀 귀'처럼 아무도 모르게 비밀을 고백하고 싶은 사람들을 위해 '시크릿 트리(secret tree)'를 만들었어요. 사람들이 나무에 이

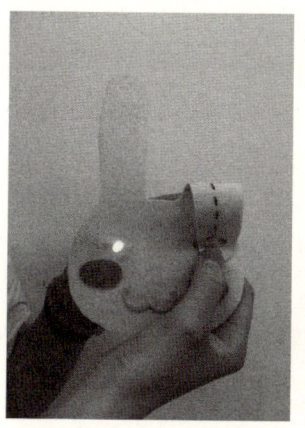 

이지선의 Tech DIY 프로젝트 중 하나인 '윙크하는 토끼'는
LED를 스위치로 켜고 끄는 기술에 아이디어를 결합해 작품을 만드는 과정이다.

야기하면 숨어있는 마이크를 통해서 목소리를 수집하고 실시간으로 편집해 섞어요. 이렇게 섞인 고백은 누구의 목소리인지는 알 수 있지만, 내용은 알아들을 수 없죠. 그 목소리를 나무에 과일처럼 달린 스피커를 통해서 들을 수 있는데, 이때 여러 개의 LED를 꽃 모양으로 붙여서 수백개의 LED 꽃을 만들고 이를 사운드와 연결해 소리의 높낮이에 따라서 꽃의 밝기를 변하게 했어요. 이 꽃을 만들기 위해서 병렬 형태로 LED를 연결하고, 도넛을 쌀 때 쓰는 유산지를 재활용했죠. 달빛처럼 은은한 불빛을 내는 꽃들이 달린 커다란 나무를 만들고 싶었거든요.

경쟁은 과거의 패러다임
성과주의에서 벗어날 때

유학을 마치고 2008년 한국으로 돌아와 메이커운동을 소개하는 일을 하고 있어요. 메이커운동이 중요하게 생각하는 공유 개념을 한국에 전파하는 일이 쉽지만은 않을 것 같아요.

이지선 아무래도 한국은 평가 위주의 교육을 하다 보니 공유하는 문화가 잘 형성이 안 돼 있어요. 공유를 통해 더 큰 발전을 이룰 수 있는데, 우리는 당장의 경쟁에서 이기는 데만 신경을 쓰죠. 경쟁이 전근대적인 패러다임이 되고 있는데도요.

이제 폐쇄적인 관점은 버려야 해요. 가장 중요한 건 '내 안에서 모든 걸 해야 돼'라는 사고방식을 버리는 거예요. 지금은 지킬수록 더 많은 걸 얻을 수 있는 시대가 아니에요. 공개하면 할수록, 참여하는 사람이 많아질수록 더 강해지죠.

한국에서도 최근에 '난 이걸로 돈 벌 거 아닌데' 하는 사람들이 등장하고 있어요. 대표적인 예가 '라즈베리 파이(Raspberry Pi)' 작업을 공유하는 산딸기마을(www.rasplay.org)이에요. 라즈베리 파이는 신용카드 크기의 싱글 보드 컴퓨터로, 영국 라즈베리 파이 재단에서 학교와 개발도상국의 기초 컴퓨터과학 교육을 증진시키기 위해 개발한 거예요. 키보드, 마우스, 모니터만 연결하면 컴퓨터로 사용할 수 있어요.

자유롭게 공유하던 기술이 시간이 지나면서 특정 기업에 의해 독점될

이지선은 Tech DIY 개발 초기, 뉴욕 맨허튼에 거주하는 엄마와 아이들을 대상으로 손바느질 작업에 회로의 기본적인 원리를 더해 아이디어를 적용시키는 워크숍을 진행했다.

수도 있지 않나요?

이지선 그 역시 전근대적인 사고예요. 오픈소스 운동에 주도적인 역할을 하고 있는 리눅스(Linux) 재단이 이윤 추구나 사적인 부분을 추구했다면 이렇게 성장을 하지 못했을 거예요. 전 세계를 대상으로 코딩을 가르치고 파이어폭스(Firefox)를 탄생시킨 모질라(Mozilla) 재단 역시 마찬가지고요. 이런 곳들은 독점적으로 어딘가에 예속되는 생태계가 아니에요.

만약에 리눅스 재단을 이끌고 있는 리누스 토르발즈(Linus Benedict Torvalds)가 공익성을 버리고 삼성과 같은 대기업의 이윤추구로 방향으로 바꾼다면 더 이상 팔로워를 가질 수 없을 거예요.

성과주의가 아닌 공유의 패러다임이 작동할 수 있는 영역이나 아이디어로는 무엇이 있을까요?

이지선 농사 이야기를 해볼게요. 농사는 날씨 영향을 많이 받잖아요. 가뭄이나 홍수 때문에 한 해 농사를 망치니까요. 만약 농부들이 날씨와 관련한 농사 문제들을 해결하는 과정을 모두 공개하면 어떨까요? 문제 해결이 체계적으로 될 때까지 서로 배우고 아이디어를 내는 과정을 모두 공개하고 공유하는 거죠. 혼자 실패하며 배우는 것보다 훨씬 낫겠죠. 이게 메이커운동의 정신이고 실천이에요. 별 거 없어요(웃음).

참고로 아이디오(IDEO) 같은 회사에서는 에볼라, 지카, 사스와 같은 문제에 어떻게 대처할 것인지 전 세계인의 아이디어를 모으는 홈페이지를 운영해요. 문제점, 아이디어, 리서치, 해결 과정을 모두 공개하죠.

앞서 "테크놀로지가 반드시 유용하지 않아도, 쓸모 없어도 괜찮다"라고 했는데, 이것도 성과주의를 벗어나는 새로운 패러다임의 한 축이 될 수 있겠어요. 그런데 정말 쓸모 없어도 괜찮을까요?

이지선 지금은 가치를 파는 시대인데, 유용하지 않은 게 더 가치 있는 시대가 됐어요. 저성장 시대를 맞아 잘살고 못사는 게 큰 의미가 없어요. 왜냐하면 변할 수 없으니까요. 예전에는 '내'가 더 노력하고 공부하면 분명히 뭐라도 될 수 있는 가능성이 있었어요. 과도한 경쟁 속에서 어떤 것이라도 삶에 더 유용한 게 인기였죠. 그런데 이제는 달라졌어요. 그래서 다른 즐거움을 찾는 세대가 나왔다고 생각해요. 일단 스스로 재밌어야 해요.

그러면서 아날로그에 대한 감성, 메이커 감성에 대한 욕구가 더 많이 생기고 있죠. 종이책 출판은 줄고 있지만 감각과 관련된 워크숍, 컬러링북이 증가하는 걸 볼 수 있어요. 다윈이 이야기한 것처럼 인간은 생존하기 위해 선택해요. 디지털 중심인 시대에 살아남기 위한 욕구, 본능이 무의식적으로 많이 작용할 거라고 봐요.

『많으면 달라진다』라는 책에 '인지 잉여'라는 단어가 나와요. 이미 생필품, 제조업 분야는 생산성 포화 상태예요. 사람들은 '이제 어디서 생산성을 찾을까' 고민을 하기 시작했어요. 기본적인 건 이미 채워졌고, 남는 시간에 무엇을 할까 고민을 하는 거죠. 공장에서 찍어낸 것보다는 자기 고유의 것이 더 의미를 가지는 시대가 된 거예요.

새로운 패러다임이 인간을 기계화하며 옥죄는 게 아니어서 참 다행이네요. 거기에 적응하는 일도 만만치 않겠지만 말입니다. '메이커교육실천'의 몫이 클 것 같습니다.

이지선 메이커교육실천을 2015년 12월 만들었어요. 이후 스탠포드 에듀케이션에서 발행한 '팹런(Fab Learn)'의 '의미있는 만들기(meaningful making)'를 한글로 소개했고, 『메이커혁명, 교육을 통합하다』로 토론을 진행했고, '메이커교육계획(Maker Ed)'의 메이커 스페이스 매뉴얼인 『유스플레이북(Youth Play Book)』을 공식번역했습니다.

또 아이들이 자신들의 아이디어로 만들면서 배우는 '영 메이커 프로젝트 시즌 1·2·3'을 800여 명이 넘는 영 메이커와 100여 명의 자원활동 멘토들과 함께 진행하고 있어요. 이 과정을 통해 논의되고 제안된 메이커교육실천의 세 가지 '메이커교육 선언'이 있어요.

첫째는 '다 같이 만들자!'예요. 메이킹은 필요한 것을 스스로 만드는 거예요. 주제, 재료, 과정을 모두 메이커 스스로 결정하고, 적극적으로 참여하고 협업하죠. 선생님이 가르치는 것이 아니라 아이 스스로 만드는 거예요. 영 메이커 워크숍을 해보면 아이들의 무한한 가능성을 확인할 수 있어요.

둘째는 '즐기고 남기자!'입니다. 메이킹은 경쟁이 아니에요. 더 나은 무언가를 만들어내는 과정 자체를 즐겨야 해요. 이 즐거운 행위는 이타주의를 기반으로 하죠. 다른 사람과 함께하고, 다른 사람의 발전을 독려하는 거예요. 과거의 메이커는 혼자 기술을 연마해 '장인'이 되었지만, 현재의 메이커는 '함께하는 사람'이에요. 기록도 중요해요. 배우기만 하고 내 것을 기록하여 나누지 않는다면 더 이상 메이커라고 할 수 없어요. 기록은 스스로를 되돌아보게 하여 나의 성장도 돕지만, 다른 사람에게도 많은 영감과 도움을 주니까요.

셋째는 '배워서 남 주자!'예요. 메이킹을 통해 삶을 살아가는 방법을 배워요. 나 혼자 외우고 아는 공부가 무의미한 시대가 되었어요. 사람과 세상은 전보다 더 많이 연결되어 있고, 메이킹을 통해 더 많은 사람들과 어울려 살 수 있어요. 테크놀로지의 궁극적 목표는 더 나은 세상을 만들기 위한 기술의 발전이에요. 메이커는 끊임없이 실패를 반복하고 실패를 통해서 배우며 성장해요. 실패도 기록하고 공유하여 타인과 함께 발전해야겠죠.

2015년 설립된 메이커교육실천은 '다 같이 만들자!', '즐기고 남기자!', '배워서 남 주자!'는 세 가지 선언 아래 공유와 협력의 메이커교육을 실천하고 있다.

저 한 명으로 시작한 메이커교육실천이 이제 많은 사람들의 바람과 희망으로 성장하고 있어요. 공유와 협력의 가치가 우리나라의 메이커운동에도 그대로 반영되고 있고 그 변화와 혁신 속도에 스스로 놀라워하며 자랑스럽게 느끼고 있어요. 모두가 함께 배우고 서로를 변화시켜 더 나은 세상을 만들 수 있다는 믿음으로 하나씩 필요한 일을 실천해가고 있습니다. 메이커교육실천은 아이들에게 답이 정해지지 않은 탐험의 기회를 제공할 거고요. 아이들이 스스로에게, 서로에게 질문하고, 질문에 대한 답을 혁신적인 해결 방법으로 찾아내면서 새로운 시대를 대비할 수 있도록 도울 거예요.

"우리는 이미 스스로 변화하기 시작했고, 메이커교육이 '우리의 교육을 변화 시킬 것'이라고 믿고 있으며, 당신도 이제 우리와 함께 변화에 동참할 것이라 믿습니다."

인터뷰 후기

—

더 공유하며, 더 즐겁게, 더 가치 있게 살아보아요

인터뷰 내내 한 방 맞은 것처럼 얼떨떨했다. 아니, 질문할 때마다 펀치가 날아와 여러 차례 충격이 이어졌다. 한국에서 메이커 운동을 검색하면 주로 소프트웨어 중심이라 IT 분야 위주로 질문을 준비했다. 그리고 소프트웨어 교육을 중시하는 답변을 들을 거라고 예상했다. 예상은 빗나갔다. 인터뷰 내내 강조된 것은 공유와 협력이었다. 코딩 기술 같은 것이 아니었다. 이지선은 자신의 딸에게도 컴퓨터 교육은 별로 강요하지 않는단다. 운동을 많이 권하고, 바느질이든 요리든 목공예든 로봇이든 무엇이든지 다양하게 직접 손으로 만들어볼 수 있도록 해준다고.

이지선은 패러다임과 생태계 변화가 어떤 원리로 이뤄지는지 여러 사례를 보여주며 차근차근 설명해주었다. 10인의 인터뷰 가운데 유일하게 사진과 영상, 홈페이지와 같은 시각적인 매체를 함께 본 시간이기도 했다. 그가 강조한 것은 '즐거움'과 '공유'다. 생산성이 중시되던 시대는 이제 막이 내렸다는 것이다.

이지선은 미국에서부터 시작한 프로젝트 Tech DIY로 『반짝

반짝 바느질 회로 만들기』와 『Make: Tech DIY』 두 권의 책을 냈다. 2016년 9월 미국에서 낸 『Make: Tech DIY』는 『반짝반짝 바느질 회로 만들기』의 영어 버전이라고 할 수 있는데, 발간되자마자 아마존 '과학 프로젝트 및 실험' 코너 신간 부문에서 가장 많이 팔린 책이 되었다. 미국 교사들이 방과후 교재로 많이 구입했단다. 『반짝반짝 바느질 회로 만들기』를 읽어보니 메이커교육에 열성적인 미국에서 『Make: Tech DIY』가 왜 베스트셀러가 되었는지 절로 이해가 된다. 재미있고, 알차고, 메이커운동의 정신이 가득 담겨있다.

우리는 인공지능 발달로 일자리 문제뿐 아니라 인간이라는 존재가 과연 무엇인가를 고민해야 하는 시대에 살고 있다. 이러한 고민에 이지선은 스스로 만들어 다른 사람들과 공유하고 협력하는 인간을 말하며, 돈을 좇는 삶이 아닌 좀 더 가치 있고 즐거운 삶을 영위할 수 있는 새로운 패러다임의 세계로 우리를 초대한다.

3부

서로
손 맞잡아
만든
든든한
울타리

노동환경건강연구소 실장 김신범에게 듣는
건강한 노동, 안전한 환경 이야기

와글 이사장 이진순에게 듣는
시민이 주인 되어 세상을 바꾸는 정치 이야기

살림 여성학 전문이사 전희경에게 듣는
차별 없이 평등한 여성주의 의료복지 공동체 이야기

08

나만 홀로 안전한 세상은 없다

노동환경건강연구소 실장
김신범에게 듣는

건강한 노동,
안전한 환경 이야기

> 소비자가 발암물질이 든 제품을 사지 않으면
> 기업도 만들 리가 없겠죠.
> 그러면 노동자도 암에 걸리지 않고 건강하게 일할 수 있어요.
> 거꾸로 노동자들이 자신의 노동을 지키려고 한다면
> 소비자도 보호할 수 있어요.
> 노동자만 안전한 세상도,
> 소비자만 안전한 세상도 불가능해요.
> 그러니 손을 잡아야 돼요.

노동환경건강연구소

1988년부터 시작된 원진레이온 노동자들의 직업병 투쟁은 10년을 넘겨 21세기를 코앞에 둔 1999년에 노동환경건강연구소라는 값진 열매를 맺었다. 이곳은 자신들의 아픈 몸을 치료하고 보상받는 것에서 그치지 않고 우리나라 노동자들이 건강한 노동환경에서 일하기를 염원한 원진레이온 노동자들의 큰 꿈이 담긴 연구소이다.

설립 이후 지금까지 노동환경건강연구소는 산업재해, 직업병, 노동환경, 노동자 건강 분야에서 국내 최고 수준의 연구소로 활동하고 있다. 법제도 개선 관련하여 산재보험법, 석면피해구제법 제정 등에 앞장섰고, 학습지노동자, 이주노동자, 운수노동자, 청소노동자, 병원노동자, 건설노동자, 궤도노동자 들의 노동안전보건에 대한 연구와 지원을 해왔다. 또 노동현장의 요구에 발맞춰 노동자들의 근골격계질환과 직업성 암, 과로사, 감정노동 등 다양한 직업병 문제에 힘써왔다.

한편 공장을 넘어 시민들과 함께 안전한 사회를 함께 만들기 위해 '발암물질없는사회만들기 국민행동'과 '시민방사능감시센터' 창립에 함께 했고, '화학물질 알권리 조례' 제정 지원활동과 '우리동네 위험지도' 애플리케이션 개발 및 보급사업을 펼쳤다.

2016년 여성·노동 부문의 국내연구소 가운데 12위의 성적을 받았는데, 이는 대학과 국가, 대형단체 산하기관 연구소와 비교평가에서 이룩한 뛰어난 업적이다.

김신범 _ 노동환경건강연구소 화학물질센터 실장

돈을 많이 벌어 부자가 되어야겠다고 생각했지만, 어릴 때 겪은 판자촌의 가난은 그를 사회의 모순에 눈 감고 개인의 영달만을 바라보도록 두지 않았다. 1989년에 대학에 입학한 김신범은 수의학을 전공했지만 노동운동에 기여하기 위한 방편으로 산업보건을 더 공부해 노동환경건강연구소의 창립멤버가 되었다.

직업성 암을 중심으로 연구소에서 일을 시작했으며, 현재 화학물질에 관한 우리나라 최고의 전문가이자 안전한 사회를 만들기 위해 힘쓰는 활동가로 살아가고 있다. 2008년 '서서 일하는 노동자에게 의자를'과 '청소노동자에게 씻을 권리를' 캠페인을 벌였고, 2010년 전문가들과 함께 민간 최초로 발암물질 목록을 발표했으며, 2014년 'PVC(폴리염화비닐) 없는 학교 만들기' 캠페인을 진행했다.

민주노총 노동안전보건위원회 위원, 국회 가습기살균제 특별위원회 전문위원 등을 역임했으며, 『화학물질, 비밀은 위험하다』, 『모두를 위한 마을은 없다: 마을 만들기 사업에 던지는 질문』(공저), 『환경정의, 니가 뭔지 알고 시퍼: 우리와 다음을 생각하는 청소년 환경정의 교과서』(공저) 등을 썼다.

원진 노동자의 염원으로 세워진
노동환경건강연구소

노동환경건강연구소는 원진레이온 노동자들의 투쟁을 통해 세워진 곳이라고 들었습니다. 어떤 과정을 거쳐 연구소가 설립되었는지요.

김신범 1960년대 설립된 원진레이온은 국내 유일의 레이온(인견사) 생산공장이었어요. 레이온은 펄프에 이황화탄소, 황산 등을 써서 만들거든요. 그런데 회사가 독한 화학물질을 쓰면서도 안전설비를 제대로 갖추지 않아 노동자들이 이황화탄소에 중독되었어요. 이황화탄소에 중독되면 정신이상, 뇌경색, 사지마비, 언어장애, 신부전증 같은 병에 걸려요. 하지만 노동자들이 병에 걸려도 돈 좀 쥐어주고 퇴사시켜버리면 그만이었기에 세상에 알려지지 않았어요.

그러다가 1988년이 되어서야 원진레이온의 직업병이 한겨레신문에 났어요. 그때부터 10여 년간 직업병 환자들이 처절한 투쟁이 이어졌죠. 직업병 환자가 900명에 이르렀어요. 세계 최대의 이황화탄소 중독 사건이었습니다. 이 일이 이슈가 되면서 도시노동자의 직업병이라는 게 얼마나 무서운 건지 많이 알려지게 되었어요. 그전까지는 광산노동자의 진폐증이 사람들이 아는 전부였어요.

원진레이온 노동자들이 대단한 게 자신들이 보상받는 거에 그치지 않고 연구소와 병원을 요구한 거예요. 이 땅에 다시는 자신들처럼 불행한 노동자들이 나오지 않기를 바란 거죠. 보상금 외에 100억 정도의 기금이 조성되어 1999년 노동환경건강연구소와 원진녹색병원이 함께 세워졌어요.

직업병으로 겪은 고통을 생각하면 그 보상금이 생명과도 같은 것일 텐데 훌륭하신 분들이네요. 그분들의 바람대로 노동환경건강연구소에서는 노동자들의 건강권 확보와 강화 방안에 대해 연구해오고 있지요? 구체적으로 어떤 일들을 하나요?

김신범 우리 연구소는 처음부터 직업병에 무게를 두고 일했어요. 노동자들이 적어도 자신의 작업환경에서 위험한 게 뭔지는 알고 일할 수 있는 권리를 되찾아주기 위한 일들이죠. 그리고 연구소의 역사가 쌓이면서 우리 사회의 환경 문제, 시민들의 건강권 확보 등으로 연구와 활동의 범위를 점차 넓혀가고 있어요. 이렇게 노동환경건강연구소라는 이름에 걸맞은 일들을 해나가려고 노력하고 있습니다. 노동, 환경, 건강, 이 세 가지는 직업병에만 국한되는 게 아니라 모든 문제의 뿌리니까요.

연구소에는 네 개의 부서가 있는데요. 우선 화학물질을 다루는 화학물질센터가 있어요. 이 센터의 분석실에서는 발암물질이나 환경오염 등을 분석해요. 또 근골격계질환을 다루는 센터가 있는데, 여기서는 반복 작업으로 허리, 목, 어깨, 팔다리 등에 생기는 근골격계 질환을 직업병으로 인정받게 했지요. 예전에는 근골격계 질환이 무슨 직업병이냐고 할 정도로 직업병에 대한 인식이 낮았어요.

그리고 직업환경의학실이 있습니다. 노동자 건강상담, 직업병 진

노동환경건강연구소 창립멤버인 김신범은 화학물질에 관한 우리나라 최고의 전문가이자 안전한 사회를 만들기 위해 힘쓰는 활동가로 살아가고 있다.

단 및 치료, 직업병 역학조사 등의 일을 하는 의사들의 그룹이죠. 직업환경 전공의를 수련할 수 있는 수련기관이기도 합니다. 마지막으로 소식지를 발간하고 노동안전보건 관련 각종 실태조사와 교육, 연대활동을 담당하는 '일과 건강'이 있어요. 총 스무 명 정도가 연구소에서 일하고 있답니다.

연구소의 첫 시작부터 함께한 창립멤버인데, 원래는 수의학을 전공했다면서 어떻게 이곳에서 일하게 되었는지 궁금합니다.

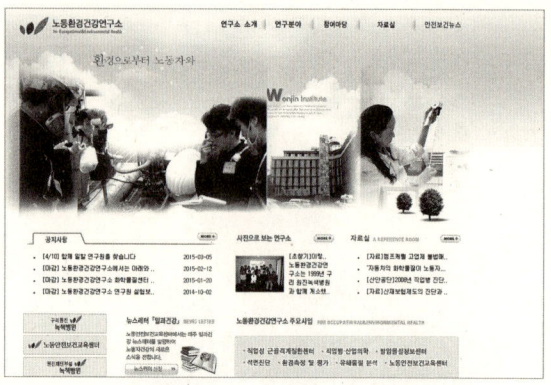

노동환경건강연구소는 원진 노동자들의 바람대로 산업재해, 직업병, 노동환경, 노동자 건강 분야에서 국내 최고 수준의 연구소로 활동하고 있다.

김신범 어렸을 때부터 가난하게 살아서 대학을 졸업하면 돈을 많이 벌어 부모님을 호강시켜드려야겠다고 생각했어요. 인천 판자촌에서 살았거든요. 1989년에 대학에 입학했는데 어떻게든 학생운동을 안 하려고 도망다녔죠. 그런데 그게 잘 안 되더라고요. 가난 덕분에 우리 사회가 얼마나 문제가 많은지 잘 알았으니까요.

결국 학생운동을 열심히 했죠. 그러고는 공장에 취업해 노동운동 하던 선배들의 길을 따라가려고 했는데, 선배들이 공장 생활을 정리하고 다 나와버린 거예요. 시대가 달라졌다면서요. 이게 뭔가 싶으면서도 한편으로는 다행이다 싶더라고요. 공장에 들어가기 두려운 마음이 은연 중에 있었던 거죠(웃음). 그러고는 한 1년을 뭘 해야 할지 몰라 술 먹으며 허송세월했어요.

그런 저를 보고 한 선배가 노동운동에 미련이 남아 있으면 산업보건을 공부해보라고 권하더군요. 그거라도 공부하면 조금은 쓸모 있는 사람이 될까 싶어 대학원에 갔어요. 제가 졸업을 할 즈음에 우리 연구소가 만들어졌고요. 그렇게 인연이 닿은 거죠.

처음에는 공장 환경조사도 하고, 여러 가지 캠페인도 벌이고 그러다가 본격적으로 화학물질센터에서 일한 건 이제 10년이 되었네요.

당연한 질문이겠지만 연구소에서 일하면 과학이나 정책 등 많은 것들을 공부해야 되죠?

김신범 때로는 고3 때보다 공부를 더 많이 하는 것 같아요. 기업이 하는 거짓말을 알아내려면 그럴 수밖에 없어요. 유럽이며 미국의 제도까지 다 공부해야 해요. 확실하게 공부해놔야 정부 담당자도, 기업들도 사기를 못 치니까요. 그런데 그쪽은 담당자들이 계속 바뀌어요. 저는 10년을 화학물질 쪽에서 일하며 공부했으니 이제 웬만한 공무원보다 잘 알죠. 그렇다고 책상에 앉아서 공부만 하는 건 아니에요. 작업현장이 어떤가 직접 조사하러 가야 하니까요. 저는 직업성 암을 중심으로 일을 시작해서 발암물질 조사를 많이 했어요.

민간 차원 최초의 발암물질 목록
1년에 1000톤 유해물질 줄이다

발암물질을 조사하러 나왔다고 하면 기업에서 엄청나게 싫어했을 것 같아요.

김신범 그렇죠. 현장에 가서 "이거 발암물질입니다"라고 얘기하면 사측에선 "노동부에서 인정하는 물질이냐?"라고 물어요. "그건 아니고 세계보건기구가 금지하는 겁니다" 그러면 "그럼 우리는 알 바 없다. 너 선동질하러 온 거잖아" 이런 식이었죠. 멱살도 잡히고 지하실에 갇혀본 적도 있어요. 옛날이야기지만 조사하러 몰래 담장을 넘어야 했던 적도 있었어요.

현장을 다닐수록 왜 사업장에 발암물질이 없어지지 않을까, 왜 우리나라는 발암물질을 발암물질로 인정하지 않을까 하는 생각이 들더군요.

그래서 발암물질감시네트워크를 만든 건가요?

김신범 처음에는 정부에다 발암물질 목록을 개정하라고 요구했는데 안 하더라고요. '그럼 우리가 하자' 해서 2009년에 전국에서 32명이 모여서 '발암물질감시네트워크' 아래에 '발암물질목록작성 전문위원회'를 만들고, 민간 차원으로는 최초로 발암물질 목록을 만들어 2010년 발표했어요.

정부가 만들지 않으니 우리가 만들어 "작업환경의 위험을 조사할 때 이 목록을 쓰십시오"라고 한 거죠. 그랬더니 복지부동이던 정부가 태도를 바꿔 인정해주더라고요. 그때 정부를 상대하는 방법을 배웠죠. "뭐 해주세요"가 아니라 "너희가 안 하니까 우리가 할게" 해야 한다는 걸. 이제는 목록에 발암물질뿐만 아니라 생식독성물질, 환경호르몬까지 포함시키는 쪽으로 발전하고 있어요.

발암물질 목록을 새로 만든 게 노동현장에도 실질적인 영향을 미쳤나요?

김신범 그때 금속노조에서 큰 결심을 하나 했어요. 조합비 1억 원을 내놓으며 사업장에 들어와 목록에 있는 발암물질들을 조사해보자고 하더라고요. 그 결과가 충격적이었어요. 전체 제품의 절반 이상에서 발암물질이나 생식독성물질이 나왔는데, 심지어 해외에서 금지한 것들까지 들어있었어요. 유럽은 이미 금지나 제한 조치가 강화되어 있으니, 법률은 약하고 제조업이 발달된 우리나라가 일종의 독성물질 재고처리 시장이 된 거죠.

해외에서 금지한 물질을 국내에서 재고처리하는 나쁜 기업에 대해 불매운동을 할까 고민하다가 기업 하나를 혼내주는 것보다 산업 자체가 바뀌는 것이 더 근본적인 해결책이다 싶더라고요. 그래서 금속가공유 제조사와 금속노조와 시민단체가 2012년에 유해 화학물질 기준을 제정하고 안전한 제품 가이드라인을 만들어 협약을 체결했죠. 가이드라인에 맞춰 나쁜 것을 쓰지 않고 생산해라, 그러면 그 제품이 안전하다고 알리겠다고 말이죠. 그때 1년간 줄인 유해물질이 1000톤이에요. 200리터짜리 드럼통 5000개 분량이었죠.

가이드라인을 만든 이후로 몇 군데 기업과 금속노조 지부들에서 먼저 연락이 와서 독성물질을 저감하겠다는 노사공동선언 같은 걸 하기도 했어요. 군산에 있던 한 자동차 공장에서는 발암물질 안 쓰고 자동차를 만들 수 있을까 하면서 연락을 해왔고요.

그러고 시간이 흘러 2015년에 환경부가 스톡홀름협약 때문에 잔류성 물질에 대한 추적을 하고 없앨 계획을 세우려고 보니 어떤 물질이

2009년 전국에서 32명이 모여서 '발암물질감시네트워크' 아래에 '발암물질목록작성 전문위원회'를 만들고, 민간 차원으로는 최초로 발암물질 목록을 만들어 2010년 발표했다.

한국에서 갑자기 사라졌다고 하더라고요. 알고 보니 그게 우리가 만든 협약에 있었던 물질이었죠. 지금도 현장에서는 발암물질을 없애나가는 일들이 한창 추진되고 있어요.

대단한 성과네요. 건강하고 안전한 사회를 위해 열심히 달려온 사람들이 많은 만큼 우리 사회의 노동, 환경, 건강 문제도 좋아지고 있는 걸까요?

김신범 물론 좋아지는 측면이 있긴 하겠지만, 안타깝게도 큰 흐름에서 보면 노동을 덜 존중하는 방향으로, 돈만 따지는 방향으로 가는 속도가 너무 빨라요. 거기에 대항하는 힘은 그 속도를 못 따라가고 있고요.

연구소에서 제가 상대하고 있는 문제들로 이야기해볼게요. 이를테면 2000년대 이전에는 퀵서비스노동자들을 특수고용직 노동자라고 부르면서 당연히 산재보험을 적용해야 된다는 관점이 정부에 있었어요. 그런데 지금은 이들을 자영업자로 보는 시각이 확고해졌죠. 그러니까 노동을 자본이 운영하는 데 유리한 형태로 활용하는 정도가 심해진 거예요.

청소노동자의 경우도 마찬가진데요. 예전에는 지방자치단체에 속해 있었지만 민간위탁으로 전환된 지 십수 년이 흘렀죠. 옛날에는 같은 구청 직원이라 형, 동생 하며 지내던 관계가 이제 한쪽은 청소하는 '김 씨'가, 다른 한쪽은 '공무원 나리'가 되어버렸어요. 멀어진 관계만큼 노동자의 환경도 나빠졌고요.

열악한 작업환경에서 일하는 노동자일수록 비정규직에 외주화되고, 안전보건 문제에서 더 많이 소외되어 있어요. 우리 사회는 지금도 하루 평균 7명이 산재로 사망하고, 뇌심혈관계 질환으로 산재 인정을 받는 과로사 노동자만 매년 300명이 넘어요. 산재사망률이 OECD 국가 가운데 1등입니다. 여전히 우리 사회에는 제2의 원진 노동자들이 무수히 많아요.

노동자와 소비자가 따로일 수 없다
서로가 서로를 책임지는 관계

자본이 개입하여 '이상한' 형태의 노동을 만들면서 환경이나 건강 문제들도 연결되어 발생하는 거군요.

김신범 맞아요. 노동과 환경, 건강은 사람의 삶을 구성하고 있는 가장 기본적인 영역들이고, 이 영역의 어디 한 가지만 독자적으로 망가지지 않아요.

예를 들어 볼까요? 우리가 화학물질에 대한 의존도가 심해지는 건 노동에 대한 관점이 잘못되었기 때문이에요. 요즘 화장실 가면 소변 냄새 잡는 방향제를 많이 사용하는데, 그건 건물 디자인 때문에 환기가 부족한 탓도 있지만 구조조정 등으로 청소 인력이 줄어든 것도 중요한 원인이에요. 사람을 비용으로 보고 관리하기 시작하면서 사람 손 대신 화학물질을 쓰는 거죠. 그래서 노동자들을 존중하는 사회에서는 환경 문제나 건강 문제가 덜 발생해요.

화학물질을 줄이기 위해서는 어떻게 해야 할까요?

김신범 공장에서 발암물질 쓰는 걸 막으려고 노력하다 보니, 공장에서 생산된 제품에 대한 소비자들의 관심이 제일 큰 동력이 되는 걸 느꼈어요. 노사관계에서 바꾸지 못한 것을 소비자들이 바꿀 수 있더라고요.

거꾸로 노동자들이 자신의 노동을 지키려고 한다면 소비자도 보호할 수 있어요. 2009년에 석면 베이비파우더 파동이 있었잖아요? 그때 베이비파우더를 만드는 공장의 노동자들은 괜찮았을까요? 만약 노동자들이 석면에 노출되지 않도록 대책을 수립했더라면 소비자들에게까지 문제가 이어지지 않았겠지요.

노동자만 안전한 세상도, 소비자만 안전한 세상도 불가능해요. 그러니 손을 잡아야 돼요. 같이 문제를 해결하기 시작하면 힘이 놀랍게 세져요.

'서서 일하는 노동자에게 의자를'이나 '청소노동자에게 씻을 권리를'과 같은 캠페인 역시 노동자와 소비자 사이의 연결고리를 핵심 키워드로 삼은 활동이었죠?

김신범 네. 2006년 민주노총에서 노동안전보건위원회 위원으로 일하면서 취약노동분과를 만들고 서비스연맹과 함께 1년 정도 서비스 분야 여성노동자의 건강권에 초점을 맞춘 조사를 진행했어요. 백화점과 마트노동자들 모두가 업무시간의 90% 이상을 서서 일하더군요. 하지정맥류, 근육질환, 관절질환, 우울증 등 서서 일하며 오는 질병이 많았어요.

그래서 노사관계에 제3자인 고객을 끼어들게 해 관계를 입체화시키기로 했어요. 2008년 전국적으로 '서서 일하는 노동자에게 의자를' 캠페인을 벌이며 고객들에게 이렇게 질문을 했어요. "직원들이 저렇게 서서 고생하는 게 고객 입장에서 마음에 드십니까?" 하고요. 서서 일하는 노동자에게 의자를 제공해야 한다는 건 산업안전보건법에도 나와 있는 내용이에요.

'청소노동자들에게 씻을 권리를' 캠페인 역시 같은 맥락이었어요. 구청에서 더 나은 청소서비스를 제공한다는 목적에서 민간위탁을 하면서 청소노동자의 임금을 반으로 줄이고 복지시설을 다 없앴어요. 컨테이너박스를 사무실과 휴게실로 쓰라고 하고, 샤워시설은 엉망이거

업무시간의 90% 이상을 서서 일하는 서비스 분야 여성 노동자들을 위해
'서서 일하는 노동자에게 의자를' 캠페인을 2008년 전국적으로 벌였다.

나 아예 없는 곳도 많았죠. 청소노동자들의 몸에 있는 미생물을 조사했더니 뺨에 있는 미생물 수가 고속터미널 변기 수준이었어요. 우리가 사는 곳을 깨끗하게 치워주는 사람들이 막상 자신의 몸은 깨끗이 씻을 수 없다는 게 말이 안 되잖아요? 그래서 시민들에게 물어봤어요. "마음에 드시나요?" 당연히 아니죠. 서로가 서로의 안전을 책임질 수 있어야 해요. 지켜주는 거 없이 누리기만 하면 안 됩니다.

2014년에 벌인 'PVC 없는 학교 만들기' 캠페인 역시 노동자의 건강권뿐만 아니라 우리 사회 전체의 안전한 환경을 위한 활동이었습니다. 특히 아이들의 건강을 걱정하는 학부모들의 참여도가 높았는데요.

김신범 어린이집에 가보면 벽지, 장판, 장난감에 PVC나 환경호르몬이 들어있는 제품을 쓰는 걸 볼 수 있어요. 유해물질이 포함되지 않은 제품이랑 가격 차이가 별로 나지도 않는데 말이죠. 구매를 결정할 학교 교장선생님, 어린이집 원장선생님 들부터 그런 사실을 알아야 한다고 생각했어요. 학부모도 물론이고요. 그래서 운동을 시작한 거예요.

PVC에 대해 좀 더 이야기해볼게요. 문구점에 있는 지우개들은 고무 지우개가 아니라 사실은 PVC 플라스틱 지우개예요. 신기하죠? PVC 플라스틱은 원래 딱딱해요. 그래서 말랑말랑하게 하려고 가소제인 프탈레이트를 넣거든요. 이게 성조숙증, 불임 등의 부작용을 낳는 환경호르몬인데, 지우개 무게의 40%나 돼요. 지우개뿐만 아니라 대부분의 PVC 제품에 프탈레이트가 들어있어요.

유럽에서는 'PVC 없는 도시'를 선언하는 곳도 있어요. PVC 금지가 추세죠. 우리는 아직 잘 모르고 구입하니까 기업에서 PVC 제품을 계속 만드는 거예요. 자꾸자꾸 알려야 돼요. PVC 지우개가 나쁜 걸 알면서 아이에게 사주는 학부모는 없거든요. 모든 소비자가 PVC 제품을 사지 않으면 기업도 만들 리가 없겠죠. 좋은 제품을 만드는 중소기업이 성장하면 노동자도 암에 걸리지 않고 건강하게 일할 수 있어요.

프탈레이트뿐만 아니라 우리가 일상생활에서 노출되는 '바디버든(body burden, 우리 몸에 축적된 유해화학물질의 총량)'이 너무 많아요.

김신범 아침에 일어나 머리 감을 때부터 시작해 잠자리에 들 때까

노동자의 건강권뿐만 아니라 우리 사회 전체의 안전한 환경,
특히 아이들의 건강을 위해 2014년 'PVC 없는 학교 만들기' 캠페인을 벌였다.

지 우리는 하루 종일 발암물질, 생식독성물질에 노출되어 있어요. 이게 총량이 중요해요. 어느 선을 넘는 순간 빨간 스위치가 탁하고 켜지거든요. 비누, 샴푸, 린스, 치약 등의 세제와 각종 화장품에 들어있는 화학물질, 음식물을 담는 용기, 장난감, 학용품, 각종 생활용품 등 플라스틱 제품에서 나오는 환경호르몬, 가공식품에 들어있는 식품첨가물, 가구와 벽지에서 뿜어져나오는 유해물질. 지금 이 순간에도 이것들이 차곡차곡 우리 몸에 쌓이고 있어요.

이제 우리는 선택을 해야 해요. 스위치가 켜지지 않게 하기 위해 발악에 가까운 노력을 해야 하는 때예요. 특히 아이를 키우는 사람이라면요.

심리적 저지선이 돌파당했을 때
시민의 힘은 무섭게 커진다

최근 몇 년 사이 가습기살균제, 불산사고, 살충제 달걀, 발암물질 생리대 등 줄줄이 터지는 화학물질 사건들을 보면 우리 사회의 빨간 스위치가 벌써 켜진 게 아닌가 싶어요. 일련의 사태를 보면 불안하기도 하지만 한편으로는 답답하기도 합니다. 우리 사회는 왜 위험에 미리 대처하지 못하는 걸까요? 정부나 기업이 함부로 할 수 없도록 강제하는 힘이 우리에게는 왜 부족할까요?

김신범 여러 가지 이유가 있겠지만 안전 문제에 국한시켜 얘기를 하자면 사람들에게는 위험을 받아들이기를 불편해하는 심리가 있어요. 위험하면 무언가 다른 행동을 해야 하는데 그걸 고민하는 게 당연히 싫죠.

저도 그랬어요. 아버지가 암으로 돌아가셨는데, 의사가 어느 날 얼마 안 남았으니 마음의 준비를 하라고 하더라고요. 그 말을 듣고는 '아니야, 아무 일도 없을 거야. 더 사실 거야' 이런 마음이 들더라고요. 아무 근거도 없이 말이죠. 저처럼 사람들은 '설마 나에게는 나쁜 일이 일어나지 않겠지'라는 마음을 품는 거예요.

'정부가 그래도 최소한은 하겠지', '유명한 기업인데 그렇게까지 위험한 건 안 만들 거야' 이렇게 생각한다는 거잖아요. 너무 무기력하고 안일한 것 아닌가요?

김신범 하지만 그 믿음이 산산이 부서질 때, 즉 기업이나 정부가 아무것도 안 해왔고 할 생각도 없는 게 확인될 때 사람들의 심리적 저지선은 무너지고 말아요. 심리적 저지선이 돌파당한 사람은 행동할 수밖에 없어요. 참지 않고 함께 분노하기 시작하죠.

가습기살균제나 달걀, 생리대 문제 모두 미리 충분히 막을 수 있었던 일이에요. 기업들도 자신들이 만들어내는 물질이 위험한 줄 알아요. 다만 돈 앞에서 눈을 감는 거죠. 만날 기업비밀이라고 하면서 제대로 공개하지도 않아요. 그 비밀이라는 것들 대부분은 소비자나 노동자가 알면 기업이 골치 아파지는 것들이죠. 비밀이니 말할 수 없지만 제품을 잘 만들 테니 믿어달라고 그래요. 정부는 또 어떤가요? 위험이 확인되지도 않았는데 미리 기업을 규제할 수는 없다며 한발을 빼요. 핑계는 경제성장이죠.

사건이 터지고 나서야 기업은 정부의 기준이 없었다는 둥 실험해보면 기준치를 안 어겼을 거라는 둥 말도 안 되는 소리를 하고, 정부는 그제서야 기준을 마련하겠다며 무책임한 뒷북을 치죠. 하지만 한 번이라도 신뢰를 준 적이 있던가요? 가습기살균제 사건도 검찰 조사하고 나서 보니까 결과를 조작하고 순 거짓말만 한 거였잖아요.

그런데 이런 경험을 우리나라뿐만 아니라 다른 나라들도 다 했더라고요. 프랑스는 HIV바이러스 감염 혈액 유통, 이탈리아는 전자파, 영국은 광우병 등 각기 심리적 저지선을 돌파당하는 사건을 겪으면서 제도들을 정비하고 감시자로서 시민의 역할을 키웠더라고요.

우리가 더 비참하고 슬픈 건 너무 짧은 시간에 압축적으로 대형 사고들이 연이어 터졌다는 건데, 이런 경험들을 놓치지 말고 잘 학습해야죠.

잘 학습한다는 건 어떤 걸까요?

김신범 정부가 대안을 세운다, 기업들을 규제한다 이럴 때 이제 됐구나 하고 관심을 접는 게 아니라 지속적으로 감시하고 계속 요구해야만 변화가 생긴다는 걸 깨닫는 거예요.

나의 안전을 지키기 위해서는 비용이 필요해요. 2016년 촛불항쟁 때 시민들은 자신의 피 같은 주말을 반납하고 사비로 기차표를 사서 광장으로 모였어요. 그러니까 '내가 나의 것을 내놓아야 공공성이 생긴다'는 경험을 우리 사회는 하고 있는 중이고 더 해야 된다고 봐요. 심리적 저지선을 돌파당한 규모가 클수록 그 힘은 더 강력해요.

또 쓸데없는 안전 논쟁에 휘말려서도 안 돼요. 기업이나 정부는 "이 정도 양은 위험하지 않아", "위험한지 아직 밝혀지지 않았어"라며 거짓정보와 애매한 영역을 만들어내면서 소비자들을 갈팡질팡하게 만들거든요. 우리가 확실하게 알아야 할 것은 위험한지 아닌지 판단하는 일은 과학자들이 아니라 그것을 사용하는 사람들이 하는 거라는 점이에요. 위험도가 1만 넘어도 나쁘다고 생각하는 사람이 있고 50이 넘어야 나쁘다고 생각하는 사람도 있겠죠. 정부나 기업은 그 판단을 국민에게 넘기지 않고 과학적인 공방거리로 만들려고 해요. 하지만 우리가 "이거 위험하니 안 먹을래, 안 살래" 해버리면 그 공방은 사라지고 말아요.

누군가 우리를 대신해서 안전한 사회를 만들어줄 거라는 믿음을 접고 감시자의 역할을 충실히 한다면 우리 사회도 충분히 달라질 수 있는 걸까요?

김신범 그럼요. 다른 나라의 예에서 희망을 찾을 수 있어요. 보스턴은 미국에서 가장 더러운 동네라는 오명이 있던 곳이에요. 영국에서 이민자들이 처음 건너온 곳이라 산업이 먼저 발달하다 보니 환경오염이 심했던 거죠. 식수오염 때문에 아이들이 백혈병에 걸릴 정도로 끔찍한 경험을 한 동네도 있었어요. 그런데 최근에 방문해보니 공기도 물도 어찌나 깨끗한지 오염이 심했던 곳이라는 걸 믿을 수가 없었어요. 그곳 사람들 이야기가 큰 피해를 겪으면서 환경에 대한 관리를 시민들이 나서서 했다더라고요. 우리도 충분히 그럴 수 있어요.

가습기살균제 사건 이후로 사람들은 성분을 보기 시작했어요. 그리고 스프레이가 안 좋다니 웬만하면 쓰지 않으려고 해요. 화학물질이 든 제품을 남용해오던 생활습관이 바뀌고 있는 거예요. 이렇게 소비문화, 생활패턴처럼 바뀌기 힘든 것들이 바뀌고 있잖아요.

화력발전소 없애기 운동이 벌어지면 참여하고, 개정된 '화학물질의 등록 및 평가 등에 관한 법률(화평법)'이 제대로 시행되도록 감시하고, 미세먼지 기준을 강화할 것을 촉구하고, 바디버든을 줄이기 위해 노력하고, 뭐, 행동할 수 있는 길은 수도 없이 많지요.

개인적인 질문을 해볼게요. 연구소에서 일한 지 20년을 향해 달려가고 있는데, 고참으로서 김신범은 연구소를 위해 어떤 노력을 하고 있나요?

김신범 지금까지는 사람 만드는 일을 못했어요. 앞으로 저 같은 사람을 10명은 만들어야겠다고 생각하고 있어요. 제가 처음 이 일을 할 때 아는 게 너무 없어 무기력한 저 스스로에 대해 정말 화가 많이 났었

정부와 기업을 믿지 말고 시민들이 직접 나서서 지속적으로 감시하며
노동과 환경, 건강에 대해 제대로 기준을 지킬 것을 요구해야 한다.

거든요. 그걸 극복하려고 죽어라 공부했는데 어느 정도 성과가 쌓이기 전까지는 제 자신을 도통 믿을 수가 없었어요 그래서 저 스스로도, 후배들도 들들 볶았어요. 야근하고 주일에도 일하고 그렇게 살았죠. 아주 나쁜 상사였어요.

이제 조금은 쌓인 게 있으니 배운 것들을 차근히 풀어놓으려고 해요. '발암물질없는사회만들기 국민행동' 내부에서 공부모임을 운영하고 있어요. 정책공유방을 만들어서 자료들을 차곡차곡 다 올려놓는 일도 하고 있고요. 누구라도 볼 수 있게요.

마지막 질문입니다. 집에서는 남편이자 아빠이고, 또 한 지역의 주민이 잖아요. 연구원 말고 다른 역할들은 어떻게 해나가는지요.

김신범 우선 아이와 많이 놀려고 해요. 시간을 많이 투자해서 일한다고 일이 잘되는 게 아니라는 걸 어느 순간 알게 되었거든요. 일하는 내공이 쌓여 조바심이 많이 줄어들면서 가능해진 거죠.

제가 사는 마을에서는 많은 일을 하고 있지 못해요. 그런데 마을에 대한 생각은 좀 바뀌었어요. 예전에는 노동자들 건강 지키는 일을 열심히 하고 있으니 마을에서는 별일 안해도 된다고 생각했는데, 그게 아니더라고요. 우리 동네에는 어린이 놀이터도 있고, 어린이 도서관도 있어요. 다 누군가의 노력으로 만들어진 것을 공짜로 이용하고 있는 거잖아요. 내가 사는 동네에 떳떳하려면 적어도 그런 것들이 잘 유지될 수 있도록 노력해야 할 책임은 져야 하지 않나 싶어요.

제가 사는 마을은 세 모녀가 가난으로 자살하는 사건이 있었던 송파구예요. 겉으로는 잘 사는 동네 같지만 가난한 사람들도 많은 동네죠. 송파구의 가난에 대해 마을주민들과 함께 이야기하는 자리를 만들어보면 어떨까, 마을에서 책임을 다한다는 건 뭘까 고민하고 있어요.

인터뷰 후기

—

생각보다
우리의 친구는 많다

김신범이 최근 쓴 『화학물질, 비밀은 위험하다』에는 다음과 같은 구절이 나온다.

"미세먼지 때문에 창문을 열어놓아도 좋은가? 환기가 되지 않으면 환경호르몬 때문에 위험해진다는데, 공기청정기 항균필터에는 방부제가 처리돼 있어 오히려 실내 오염의 주범이 된다는 얘기도 있던데… 이전까지 상상도 할 수 없었던 갈등의 세계가 열렸다. 도대체 이런 고민을 개인들이 떠맡아야 한다는 게 믿어지지 않을 것이다.

지금까지는 이 고민을 개인이 아닌 국가가 해주어야 한다고 생각했을지도 모르겠다. 그러나 이제부터는 우리가 해야 국가가 한다고 생각하자. 개인이 아닌 우리. 우리가 해야 국가도 기업도 제 역할을 하는 법이다. 생각보다 우리의 친구는 많다."

우리의 친구는 어디 있을까? 친구라면 어떤 일들을 해야 할까? 이에 대해 김신범은 다음과 같은 이야기를 들려주었다.

"생협에서 PVC 지우개에 대해 강의한 적이 있었어요. 그후에 그 생협 차원에서 프탈레이트가 없는 지우개를 공동구매했다더라고요. 그 이야기를 듣고 제가 그랬어요. 그러면 생협을 이용하지 않는 옆집 아이는 어떡하냐고요. 정보가 없는 사람도, 시간이 없는 사람도 모두 안전한 지우개를 사용하려면 어떻게 하는 게 좋을 것 같냐고요.

그 질문에 생협 사람들이 학교 앞 문구점에서 안전한 지우개를 팔면 좋겠다고 대답했어요. 맞아요. 그러면 모든 게 해결돼요. 인터넷이나 생협 말고도 마을에서 누구나 이용할 수 있는 곳에서 좋은 제품을 팔도록 하는 것, 우리가 노력하면 충분히 할 수 있는 일이에요. 지자체에 요구해 좋은 제품을 생산하는 기업을 발굴하고 판로를 열어주도록 하고요. 학교나 유치원에 좋은 제품을 쓰도록 강제하고요. 나만 홀로 안전할 수는 없어요. 방독면 쓰고 첩첩산중에서 살 거 아니면 말이죠. 친구들과 힘을 합쳐야죠!"

안전한 사회를 만들기 위해 노력하는 모든 이들이 우리의 친구라는 이야긴데, 그렇다면 친구들의 수는 자꾸 늘어갈 것이고, 그만큼 우리 사회는 살기 좋아질 거라 믿어본다.

09

와글와글 군중의 힘으로 만들어가는 더 나은 민주주의

와글 이사장 이진순에게 듣는

시민이 주인 되어 세상을 바꾸는 정치 이야기

> 저는 "정치는 아무나 삼시세끼 밥 먹듯이 해야 한다"라고
> 이야기하고 다녀요.
> 직접 시민들이 토론하고 논쟁하고 합의하며
> 필요한 것을 정치에 반영시키는 걸 일상적으로 해야 하는 거죠.
> 점심 먹다가 휴대폰으로 정책 토론도 벌이고
> 법안도 발의하고요.
> 퇴근 후에는 가족들과 모여 앉아 후보들이
> 어떤가 살펴보면서 점수 매기고,
> 새로운 인물도 발굴하고 그래야
> '그들만의 리그'가 되지 않고
> 시민들이 권력을 가진 정치의 주인공이 될 수 있어요.

와글

'와글(we-all-govern lab, WAGL)'은 '와글와글한 군중의 힘으로 세상을 바꾸는 실험'을 하는 비영리재단이다. 시민 모두가 정치의 주인공이 되는 세상을 꿈꾸는 와글은 정치혁신과 더 나은 민주주의를 만들어가는 실험실을 자임하며, 인터넷 기반의 직접민주주의, 지역풀뿌리 중심의 상향식 의사결정, 청년 정치활동가 양성을 목표로 하고 있다.

2016년 2월 국회에서 필리버스터가 진행될 때 국회의원들만이 아니라 시민들도 자유롭게 참여할 수 있는 필리버스터 릴레이 사이트 '필리버스터닷미(filibuster.me)'를 만들었고, 총선을 앞두고는 투표가이드 서비스인 '핑코리아(pingkorea.com)'를 런칭했다. 또 국내 최초이자 유일의 시민 입법 플랫폼 '국회톡톡(toktok.io)'을 만들어 운영하고 있다.

와글에서 2016년 출간한 『들도 보도 못한 정치』는 더 나은 민주주의를 위한 해외 각국의 시민정치 실험현장을 소개해 역동적이고 혁신적인 정치모델을 제시한 책으로, 2017년 문체부에서 발표한 '세종문고'에 선정된 바 있다.

이진순 _ 와글 이사장

이진순은 1982년에 대학에 입학해 한국 현대사의 격변기를 겪으며 운동권 대학생이 되었다. 1985년 서울대 총여학생회장으로 직선제개헌 운동에 참여했고, 구로공단 노동현장에서 일했다.

1992년 이후 다큐멘터리 방송작가가 되어 〈이제는 말할 수 있다〉 등을 썼는데 함께 일하던 PD들이 지금은 대부분 방송사에서 쫓겨난 신세다. 80년대 운동권들이 정치권에 대거 입성하면 뭔가 달라질 줄 알았는데 세상이 쉽게 변하지 않는다는 걸 알고는 깊이 절망했다.

홧김에 보따리 싸서 나이 마흔에 미국 유학을 떠났고, '왜 우리는 실패했을까, 새로운 대안은 없을까'를 곱씹다 보니 새로운 형태의 시민운동과 정치혁신에 관심을 갖게 되었다. 미국 럿거스 대학에서「인터넷 기반의 시민운동 연구」로 박사학위를 받고, 올드도미니언 대학에서 시민저널리즘과 인터넷 시민운동을 가르쳤다.

2013년 귀국해서 희망제작소 부소장으로 일했고, 2015년 정치 스타트업 와글을 설립해 2017년 10월 이후 와글 재단의 상임이사장으로 일하고 있다. 2013년 한겨레신문 토요판에〈이진순의 열림〉인터뷰를 시작해 5년째 연재 중이며, 2017년 10월부터 방송문화진흥회 이사를 맡고 있다.

|

정치는 공학 아닌 예술
시민은 정치의 조연 아닌 주인공

먼저 와글의 소개를 부탁합니다. 어떤 일을 하는 곳인가요?

이진순 저희는 디지털에 기반한 직접민주주의와 아래로부터의 정

이진순은 2015년부터 시민 모두가 정치의 주인공이 되는 세상을 꿈꾸는 와글에서 정치혁신과 더 나은 민주주의를 만들어가는 의미 있는 실험을 진행하고 있다.

치적 의사결정을 통해서 정치생태계 전체를 혁신해야 진정한 정치변화가 이루어진다고 믿어요. 그래서 와글이 직접 제도정치에 뛰어들진 않지만, 혁신적인 정치를 구현하려는 시민활동가들, 특히 청년 정치활동가들을 지원하고 연대해서 공동의 프로젝트를 기획하고 실행하는 일에 중점을 두고 있어요. 시민단체와 비슷하다고 생각할 수도 있는데, 시민단체가 각자의 특정 의제에 집중한다면 와글은 정치시스템 자체에 시민이 참여할 방법을 찾아요. 스마트폰이나 인터넷으로 시민들이 언제든 쉽게 정치에 직접 참여할 수 있도록 애플리케이션이나 플랫폼을 만들고, 정치혁신 캠페인이나 캠프를 진행하고, 더 나은 민주주의의 구체적 사례를 발굴, 소개하고 연구하고 있어요.

'아트 폴리틱스(art-politics)'가 와글을 소개하는 핵심용어로 보입니다.

이진순 우리나라에서는 정치를 공학적으로 보는 시각이 지배적이고 또 그런 사람이 전문가가 되는데, 저는 그 발상이 옳지 않다고 생각해요. 정치라는 건 단순한 덧셈뺄셈의 계산이 아니라 어떤 화학적인 반응 같아요.

사람들은 자기가 사적으로 특별히 이익을 보는 게 아니더라도 이런저런 사람이나 방향이 옳다고 생각하면 지연, 학연, 계파의 차원을 넘어서서 움직여요. 그래서 저희는 정치라는 게 사람을 감동시키고 공감하게 만들고 그럼으로써 집단적으로 신명 나게 하는 '예술'에 가까운 행위라고 생각해요.

한편으로는 저희가 그동안 새로운 정치혁신 사례들을 통해서 뽑은 핵심 키워드의 첫 글자가 A, R, T예요. 약속한 바에 대해 책임을 지고(accountable), 시민의 요구에 유연하고 기민하게 반응하며(responsive), 정보와 권한행사 과정이 투명하게 드러나는(transparent) A.R.T. 정치가 세계 곳곳에서 등장하고 있는 새로운 정치혁신 세력들이 보여주고 있는 공통적인 특징이에요.

생각해보면 지금껏 시민들이 정치에 참여하는 건 몇 년에 한 번씩 선거 때 투표하는 게 전부였다고 해도 과언이 아닌 것 같아요.

이진순 몇 년에 한 번씩 투표로 대통령이나 국회의원을 뽑아 그 사람들이 잘하면 다행이고 못하면 죽 쑤는 게 정치가 아니에요. 한 사회 심리학자는 우리나라 사람들이 원하는 대통령상이 모든 문제를 해결해줄 '구세주'라고 하더군요. 우상숭배와 비슷한 심리를 가지고 있다는 거죠. 하지만 그래서야 시민들은 투표하는 순간에만 주인 대접을 받을 수 있어요. 평상시에는 제대로 된 정치인이 없다고 한탄만 할 뿐이고요.

저는 "정치는 아무나 삼시세끼 밥 먹듯이 해야 한다"라고 이야기하고 다녀요. 직접 시민들이 토론하고 논쟁하고 합의하며 필요한 것을 정치에 반영시키는 걸 일상적으로 해야 하는 거죠. 점심 먹다가 휴대폰으로 정책 토론도 벌이고 법안도 발의하고요. 퇴근 후에는 가족들과 모여 앉아 후보들이 어떤가 살펴보면서 점수 매기고, 새로운 인물도 발굴하고 그래야 '그들만의 리그'가 되지 않고 시민들이 권력을 가진 정치의 주인공이 될 수 있어요.

그래도 2016년 말 촛불 정국 때는 시민들의 정치 참여가 엄청났는데요.

이진순 촛불집회를 두고 '광장의 직접민주주의가 꽃피었다'고 쓰거나 국회의 박근혜 탄핵 가결을 두고 '죽어가는 대의제를 국민이 살려냈다'고 쓴 언론 기사들이 있었는데, 개인적으로 그 관점에 동의하지 않아요. 시민들이 광장에 모여서 남녀노소 사회적 지위에 관계없이 그 무엇으로도 대체될 수 없는 존엄한 주권자의 자격으로 자신의 소중한 의사를 표현한 건 맞아요. 그게 바로 천명(天命)이죠. 위대하고 자랑스럽고 감동적인 정치축제였어요.

그러나 이런 행위는 시민들의 직접행동이지 직접민주주의는 아니에요. 직접민주주의라고 말할 수 있으려면, 촛불광장에서와 같은 시민들의 자발적 참여가 상시적으로 보장되고 시민들의 모아진 의견이 현실변화에 반영되도록 제도화하는 게 필요해요.

국민 절대 다수가 요구하는 탄핵안을 가결시켰다고 해서, 당리당략을 우선하는 대의제 정당시스템이 바뀐 건 없어요. 헌법재판소가 탄핵안을 인용했다고 해서 과분한 찬사와 감사인사를 보낸다거나, 국민의 의사를 대표하는 게 마땅한 국회의원이 우왕좌왕 설왕설래 끝에 탄핵안에 찬성표를 던졌다고 해서 감동하고 고마워하는 건 난센스예요.

국민을 제대로 대변하고 공익을 추구한다면 그들이 마땅히, 진작 했어야 할 일이었다는 거군요.

이진순 당시 광장에는 한두 마디 구호로 뭉뚱그릴 수 없는, 더 근본적이고 전면적인 주장과 요구가 있었어요. 그걸 제대로 수렴해서 반영할 창구가 필요하다고 생각해서 '온라인 시민회의'를 제안했어요. 논의를 진행하던 중에 임시로 사용하던 '시민대표'라는 표현과 선출 방식 등에 오해와 논란이 있어 결국 중단하게 되었지만요. 제안 당사자로서 본래 문제의식은 여전히 유효하다고 생각해요. 가령 앞으로 있을 개헌 논의에서도 시민들의 의견이 수렴되고 반영되는 과정이 반드시 있어야 하겠죠.

권력을 가진 국민은
결코 정치에 무관심하지 않다

와글은 2015년 '스토리펀딩'에 스페인, 이탈리아 등에서 다양한 방식으로 일어나는 정치실험을 소개하는 '듣도 보도 못한 정치'를 연재하여 책을 출간했다.

그럼 와글이 지난 2년 동안 어떤 일을 했는지 이제 이야기해볼까요? 창립 후 가장 먼저 한 일은 해외의 다양한 정치혁신 사례를 소개하는 일이었죠?

이진순 네. 풀뿌리 조직과 IT 기술로 무장한 시민들이 직접 정책을 제안하고 새로운 네트워크형 정당을 만드는 일들이 세계 곳곳에서 벌어지고 있거든요. 이런 사례들을 모아 소개하는 게 의미 있을 거라 생각했어요.

2015년 9월부터 12월까지 3개월간 '스토리펀딩'에 스페인, 이탈리아, 아르헨티나, 브라질, 칠레 같은 나라에서 다양한 방식으로 일어나는 정치실험을 소개하는 '듣도 보도 못한 정치'를 연재했고, 390명이 참여해주어 840여만 원의 후원금이 모였어요. 목표금액의 168%를 달성했죠. 그래서 2016년 『듣도 보도 못한 정치』를 출간할 수 있었어요.

펀딩이 성공한 것만 봐도 시민들의 정치 변화에 대한 열망을 읽을 수 있네요. 책에 나온 정치혁신 사례에 대해 알고 싶어요.

이진순 시민들이 정치에 권한을 갖는 이야기를 해볼게요. 핀란드는 2012년 시민들이 직접 입법발의할 수 있도록 '시민 이니셔티브 법(citizens' initiative law)'이란 걸 만들고 이 법안을 위해서 헌법까지 개정했어요. 어떤 내용이냐면 유권자 5만 명 이상이 온라인이나 지면을 통해 지지 서명한 법안은 반드시 의회 표결에 회부되는 거예요. 그렇게 해서 실제로 입법화된 법안들이 존재해요.

스페인은 핀란드보다 더 강력한데요. 마드리드 시의 경우 의회 표결 없이 유권자의 1% 지지를 얻은 제안은 주민투표에 회부되도록 법을 만들었어요. 또 아르헨티나에서는 시민들이 '데모크라시OS'라는 소프트웨어 프로그램을 이용해 의회에 제출되는 모든 안건에 쉽게 접근해 토론하고 표결할 수 있도록 했고요.

우리나라 국민들이 정치의식이 낮아서 정치 참여를 기피한다는 이야기를 많이 하잖아요. 저는 거꾸로 그만한 권력이 국민들에게 있었으면 참여도가 낮을 리 없다고 생각해요. 뭔가 요구해도 제대로 반응하지 않기 때문에 무관심해지는 거거든요. 세월호 특별법에 600만 명이 넘게 서명을 했는데도 우리는 국회에 어떤 강제도 할 수 없었잖아요. 단순한 청원에 지나지 않았죠. 만약 우리도 어느 정도 이상 지지할 때 그 법이 반드시 국회에 상정된다고 한다면 그동안 무관심하거나 냉소적이었던 많은 국민들이 진지하게 토론에 임하고 자기 의사를 표현할 거예요.

국회톡톡은 시민들이 합법적이고 공개적으로 입법 운동을 벌여서 국회의원과 매칭할 수 있는 사이트로, 몰래카메라판매제한법 등이 현재 입법활동 중에 있다.

그 문제의식으로 만든 게 2016년 10월 오픈한 '국회톡톡'인가요?

이진순 시민들이 제안하고 지지하는 과정을 통해 직접 입법화할 수 있는 제도는 우리에게 아직 없지만, 시민의 제안에 동의하는 국회의원은 충분히 있을 거잖아요. 그래서 시민-국회의원 짝짓기 플랫폼 같은 게 있으면 좋겠다고 생각했어요.

보통은 국회의원실에 찾아갈 수 있는 인맥이나 끈을 갖고 있는 사람이나 단체만이 국회의원에게 자기들 주장을 전달하고 다양한 형태의 압력을 행사할 수 있죠. 반면에 대다수 사람들은 어떤 주장이나 절실한 요구가 있어도 그걸 입법 과정에 반영할 수 있는 통로가 없거든요. 그래서 시민들이 합법적이고 공개적으로 입법 운동을 벌여서 국회의원과 매칭할 수 있는 사이트를 준비한 거예요.

입법화가 필요하다고 생각하는 쟁점이 있다면 개인이나 단체가 국회톡톡에 제안을 해요. 그리고 제안에 함께하겠다는 시민들의 수가 일정 수준이 넘으면 해당 국회 상임위원회 위원과 매칭 해주는 거예요. 그 법안에 동의하는 국회의원이 있으면 매칭이 성사되는 거죠. 그러면 일종의 '입법 드림팀'이 만들어져서 국회의원과 시민들이 함께 간담회를 연다거나 사례 수집을 한다거나 하는 입법에 필요한 제반 활동들을 같이 하게 돼요.

실제로 매칭이 되어 입법활동 중인 사례가 있나요?

이진순 신입사원 연차보장법, 몰래카메라판매제한법, 데이트폭력법, 어린이병원비보장법, 취업준비생보호법, 웹소설유통사수수료상한법, 표준이력서 법제화, 전자영수증 소득공제 등이 매칭이 이루어져 현재 입법활동 중이에요.

예를 들어 몰래카메라판매제한법의 경우 디지털 성폭력 고발단체인 '디지털성범죄아웃(DSO)'이 제안한 건데, 1만 6980명의 시민이 참여해 다섯 명의 의원들과 매칭에 성공했어요. 현재 페이스북과 온라인공론장 '빠띠(parti.xyz/p/out)'에서 참여시민들과 국회의원들이 함께 의견을 나누고 있고요. 직접 만나 '몰카 없는 세상을 위한 수다회'를 진행하는 등 법제화를 위해 노력 중이에요.

'필리버스터닷미'와 '핑코리아'도 와글에서 직접 개발한 시민참여 서비스 프로그램으로 알고 있습니다.

지난 20대 총선을 앞두고 만든 핑코리아는 19개 법안에 대해 찬반 의견을 묻는 방식으로 정당의 정책을 쉽게 알 수 있도록 한 투표가이드 서비스다.

이진순 2016년 초 테러방지법 관련 필리버스터를 할 때 200시간 가깝게 필리버스터 릴레이가 이어졌잖아요. 그때 밤을 새워 10시간 정도 걸려 급히 만든 사이트가 필리버스터닷미였어요. 국회의원들은 시민의 목소리를 대신 전하는 사람이니까 누구나 필리버스터를 하는 국회의원의 입을 통해서 하고 싶은 말을 적을 수 있도록 한 거죠.

필리버스터를 시작한 다음 날 아침에 론칭했는데 굉장히 호응이 좋았어요. 11일 동안 누적 30만여 명의 시민들이 사이트에 방문해 3만 8000여 개의 글을 남겨줬어요. 페이스북, 카카오톡, 트위터에서 3000여 건의 공유가 이뤄졌고, 1만 5500여 명이 '좋아요'를 눌렀어요. 일곱 명의 국회의원이 실제로 본회의장에서 이 글들을 낭독했고요.

핑코리아는 지난 20대 총선을 앞두고 '뉴스타파'와 함께 기획하고 개발한 거예요. 투표할 때 적어도 정당의 정책은 알고 찍도록 테러방지법, 부동산 3법, 기업상속세 감면법 등 19개 법안에 대해 찬반을 고르면 답변자의 생각과 가장 일치하는 정당과 국회의원을 알려주는 투표가이드 서비스를 만들었죠.

뉴스타파 말고도 와글은 기업, 언론사, 시민단체, 정당, 지역 소모임 등 다양한 그룹과 만나고 네트워크를 구축하며 협업을 진행해오고 있어요. 아, 국회톡톡도 개발자협동조합 빠흐띠와 협업해 만들었어요.

온라인에서 모인 다수의 의견이
밀실 전문가의 결론보다 부족하지 않다

이쯤에서 이진순 개인의 이야기를 들어보고 싶은데요. 어떤 인생사를 통해 와글에 이르렀는지 궁금합니다.

이진순 저는 1982년에 대학에 들어간, 소위 말하는 86세대예요. 제 주변에 80년대 운동을 했던 훌륭한 분들이 많이 있어서 그분들이 정치권에 대거 들어가면 뭔가 달라지지 않을까 기대했던 사람 중 하나인데 정치권 안에서는 결국 다 비슷비슷하게 규정되는 것 같더라고요. 그게 저한테는 큰 절망감과 아쉬움으로 남았죠.

마흔 살에 유학을 갔어요. 꼭 공부를 하고 싶어서 간 건 아니고 그냥 이 나라가 싫어져서 홧김에 나갔어요(웃음). 그런데 특별히 제가 86세대라서가 아니라 기성세대의 한 사람으로서 장년세대는 누굴 욕하며 떠날 수 있는 세대가 아니라고 생각해요. 세월호 이후에 어디선가 이런 얘기를 한 적이 있어요. 삼십 넘은 사람은 이민 가고 싶다고 말하면 안 된다고. 우리는 이미 이 배의 승무원이기 때문이죠. 대한민국이라는 배가 가라앉기 시작했는데 승무원이 다른 배로 떠나고 싶다고 해서 떠나면 되나요? 승객들 먼저 어떻게든 조치를 취해놓고 떠나거나 말거나 해야 되잖아요. 마찬가지로 장년세대는 헬조선이라고 떠나고 싶어 해서도 안 되고, 떠난다 해도 행복할 수 있는 세대는 아니라고 생각해요.

어쨌든 그렇게 해서 공부하게 됐는데, 우리가 87년까지의 민주화 운동 과정에서 얻은 건 뭐고 그 이후에는 뭐가 잘 안 되고 있을까, 필요한 건 뭘까 고민하게 됐어요. 그러면서 시민들의 목소리가 사회를 변화시키는 데 어떻게 작용하고 있는가에 관심을 가지게 됐고요. 그래서 온라인 기반의 시민운동이나 정치혁신을 공부하게 됐죠.

일이십년 전하고만 비교해도 놀라울 정도로 삶의 방식이 많이 바뀌었어요. 뭔가 궁금한 게 있으면 우선 인터넷에서 검색하고 물어보잖아요. 하지만 온라인 소통이라는 게 집단지성으로 이어질 수 있는 건지에 대해서는 의구심이 듭니다.

이진순 요즘 사람들은 심지어 몸이 아플 때 내과를 가야 될지 피부과를 가야 될지까지도 인터넷에서 찾아보고 간단 말이죠. 사람들이 온라인에서 집단적으로 정보를 공유하고 전달하고 확산시키고 판단하는 게 어리석은 판단이거나 무지몽매한 대중들의 이성 잃은 행위인가? 절대로 그렇지 않아요.

다만 정보가 충분히 풀려 있지 않기 때문에 제한된 정보로 부정확한 판단을 할 가능성은 있겠죠. 하지만 다수가 소통해 모인 의견이 밀실에서 전문가 몇몇이 주고받는 토론으로 정해지는 결론에 비해서 결코 우매하거나 부족하지 않아요. 오히려 다수가 만들어낸 의견들이 정치나 행정에 얼마나 기민하게 반영되느냐가 삶의 질에 굉장히 큰 영향을 미치는데, 우리 사회에서는 대의제의 한계 혹은 오작동 탓에 잘되고 있지 않죠.

원래 대의제라는 게 시민들의 의견을 효율적으로 모아서 타협이나 협상을 통해 더 나은 해결책을 찾기 위해 도입된 건데, 대리자 역할 자체가 직업이자 권력이 돼버리면서 직업 정치인들의 이해관계, 자본이나 언론과 결탁 속에서 정보의 필터링 혹은 왜곡된 유통 같은 부작용이 생겨요. 온라인 소통의 장점인 쌍방향성이 유독 쓰이지 않는 분야가 정치인데, 정치권이 기득권 유지를 위해 소통의 변화를 받아들이지 않는 거죠. 하지만 이제 시민들이 가만 있지 않을 거예요.

선출된 사람들이 있는데 시민들이 직접 참여해 영향을 행사하면 이중권력이 되는 거 아니냐는 반론도 있는데, 어떻게 생각하나요?

이진순 와글이 소개하는 해외 혁신정당들의 공통점 중 하나가 선출 방식에 있어요. 후보결정부터 공개적으로 온라인에서 투표하고 평점을 매겨 순번대로 공천해요. 정당의 정책 역시 아래로부터 올라온 의견을 반영하는 게 기본원칙이고요.

스페인 바르셀로나의 시민주도형 정치연대 '바르셀로나 엔 꼬뮤'의 경우 선거자금도 크라우드펀딩 방식으로 모았고, 선거공약도 온라

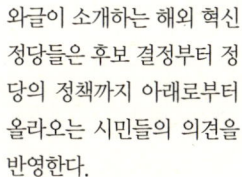

와글이 소개하는 해외 혁신 정당들은 후보 결정부터 정당의 정책까지 아래로부터 올라오는 시민들의 의견을 반영한다.

인 의사결정 플랫폼에서 시민들이 토론하고 투표해 확정했어요. 선거에 나가는 입후보자의 윤리규약까지 시민들이 참여해 만들었고요. 이런 과정을 거쳤기에 바르셀로나 엔 꼬뮤의 정치인들은 시민들과 합의한 것들을 지키지 않을 수가 없죠. 2015년 당선된 바르셀로나의 시장이 대표적인 경우예요.

우리나라는 어떤가요? 기본적인 당론도 어느 정도의 당원이 참여해서 만든 건지 정당에서 일하는 분들조차 아마 대답하지 못할 거예요. 시민들이 정당의 정책과 후보를 만드는 과정에 직접 참여하고 선출된 사람이 잘하는지 감시하자는 건데, 이중권력을 우려할 필요는 없지요.

그렇다면 얼마나 많은 사람들이 직접 참여를 해야 의미가 있는 걸까요? 50명은 너무 적은가, 1000명은 돼야 하나, 이런 생각을 하게 되는데 참여 규모 역시 중요하겠죠?

이진순 숫자나 규모로 판단할 수 있는 문제가 아니라고 봐요. 뭐든 처음에 시스템을 만들면 먼저 참여하고 사용하는 사람들은 상대적으로 소수죠. 그러나 한 번 하고 문을 닫을 게 아니잖아요.

바르셀로나 엔 코뮤가 지방선거에서 1등을 하고 아다 콜라우가 시장이 되었을 때는, 시의 정책 결정에 참여한 시민이 5000여 명이었어요. 1주년 될 때쯤 시민참여국에서 일하는 분을 만났는데, 1년 동안 4만여 명이 참여했고 그 가운데 7000여 건의 시민 제안이 채택되었다고 하더라고요. 그런 발전 형태를 봐야죠.

처음에 수천 명이다가 수백, 수십 명으로 끝나는 경우도 있고 반대로 수만, 수백만 명으로 늘어나는 경우도 있는데, 저는 그 차이가 공개적이고 책임 있는 반응에 달려있다고 봐요. 앞서도 말했듯이 내가 뭐라고 말할 때 반응이 있어야 사람들이 더 많이 참여하거든요.

민주주의는
소통을 통해 진화해가는 과정

어떤 정책들의 경우에는 제시된 방향이 바람직하다 하더라도 시민들이 찬성하지 않는 경우가 있잖아요. 다수의 지지를 끌어내기 어려운 지점이 있을 것 같아요.

이진순 저희가 얘기하는 집단지성은 다수결과 달라요. 다수결의 원칙이 마치 민주주의의 기본원칙인 것처럼 얘기되는데, 다수 의견이 정답이 되고 나머지는 다 사표(死票)가 돼버리는 방식이 요즘처럼 다양한 사회 문제와 이해관계가 맞물린 상황에서는 최선의 솔루션이 아니라고 봐요. 단순한 다수결과 집단지성의 차이는 서로 다른 의견들끼리 얼마나 근거를 가지고 충분한 논쟁이 이루어지는가에 달려 있어요. 전문가나 그 분야에 좀 더 많은 경험과 정보를 가진 사람들의 주장이 충분히 개진돼야 하고, 그 과정에서 양쪽 의견을 왔다 갔다 하다가 내가 맞는 것 같다고 생각하는 쪽으로 정할 수 있어야 해요.

투표를 하더라도 단순 다수결이 아니라 계속 질문을 조금씩 바꿔가면서 합의의 수준을 높여가는 거죠. 예를 들면 "짜장면 먹을래? 짬뽕 먹을래?" 했을 때 "6대 4로 짬뽕이 이겼으니까 짬뽕 먹읍시다"가 아니라, "이번에는 짬뽕을 먹고 다음에 주문하게 되면 짜장면을 시키는 데 찬성하시는 분, 반대하시는 분?" 이렇게 두 번째 질문으로 나가는 거죠.

협상과 합의가 가능한 질문을 거듭하면서 가장 합리적인 타협안과 절충안을 만들며 서로가 납득할 수 있는 집단적 동의과정을 조직하는 것이 중요해요. 아까 말씀드린 충분한 정보의 공유와 공개적인 논쟁이 필요한 거죠.

물론 시민 개개인이 매번 합리적이라고 생각하지는 않아요. 사람들은 누구나 불완전하기 때문에 상대방과 소통하면서 진화해나가야 되는데, 문제는 특정 이슈에 관해서는 그런 식의 소통 자체가 불가능할 정도로 완고하거나 편견에 사로잡혀 있다는 점이죠.

예를 들어 성소수자 문제에 대해서 압도적 다수가 인정하지 않아 도저히 관철이 안 된다면 아쉽지만 그게 우리 시대의 주소인 거예요. 차츰 이슈화를 거치면서 아주 서서히 바뀔 수 있겠지만요.

본래 민주주의라는 게 완벽한 솔루션을 찾는 건 아닌 것 같아요. 그때그때 시민의 의식이나 당대의 수준에 따라서 가끔 불완전하거나 부족한 결정이 내려질 수도 있는데, 제대로 된 민주주의라면 오류가 있을 때 그 오류의 기간과 파장을 최소화하고 빨리 복구할 수 있는 기능을 갖추겠죠.

뭔가 내공이 상당히 필요한 과정처럼 들립니다. 민주적인 의사결정 훈련이 필요한 거겠죠?

이진순 제 딸래미가 중학생인데 학급회의를 안 하더라고요. 형식적으로 '했다'는 기록만 남기는 회의나 이미 정해진 정답을 가지고 하는 회의가 아니라, 일상적으로 즐겁게 토론하고 이견을 조정하고 합의하고 같이 지키기로 약속하는 걸 우리는 별로 해본 적이 없어요.

제 연배 사람들의 경우 자신의 조직이 민주적이라고 생각하기도 하는데, 같이 일하는 후배들에게 물어보면 그렇지 않거든요. 의사결정에 주도적으로 참여하는 사람들은 그 의사결정 과정에 어떤 문제가 있는지 잘 모르는 경우가 많죠.

저희가 조사했던 새로운 형태의 정당이나 시민운동 사례들을 보면, 대표자나 몇몇 임원들에게 역할을 맡겨두는 게 아니라 누구나가 스태프 역할을 하며 조직을 운영하더라고요. 바르셀로나의 주택담보대출 피해자들을 위한 플랫폼 'PAH(Plataforma de Afectados por la Hipoteca)'나 스페인의 신생 정당 '포데모스(Podemos, 우리는 할 수 있다)'도 시민들이 퇴근 후에 자원봉사 당직자로 즐겁게 일하며 정당 운영에 참여해요. 뭐든 함께 토론하고 함께 정하죠.

그렇게 참여할 수 있는 동력이 뭘까요?

이진순 자기 지역의 일과 자기 이해관계가 달린 일들이 자신들이 결정하는 대로 시행될 거라는 믿음이 있어서죠. 지역별 위원회와 주제별 위원회가 종횡으로 연결돼 있어서 자기가 원하는 분과에 들어가서 의견을 개진할 수 있고, 그러한 의사결정이 실제 국회의원들을 움직이게 하는 주요한 루트가 되니까 사람들의 참여는 훨씬 더 적극적이 될 수밖에 없어요.

마지막으로 우리나라 민주주의의 미래에 대해 한마디 부탁합니다.

이진순 저는 젊은 세대들의 역량이 기성세대들보다 훨씬 낫다고 생각해요. 와글에서 일하는 후배들을 봐도 그래요. 저만 해도 고리타분한 고정관념을 버리고 스스로 정답이라고 생각하는 것을 찾기까지 오래 걸렸지만 젊은 세대들은 껍질을 깨고 새로운 것을 빨리 받아들여요. 그만큼 우리나라의 민주주의도 미래가 밝다고 생각합니다.

와글에서는 수평적 조직문화를 위해 '~키'로 별명을 정해 부르는 등 직위나 나이에서
오는 권위주의를 없애기 위해 이런저런 노력을 하고 있다.

그런 의미에서 세대 교체가 얼른 되면 좋겠어요. 저도 2020년에 와글 이사장직을 사임하는 게 목표예요(웃음). 젊은 세대들이 과거 86세대가 했던 것보다 더 잘, 제대로 사회변화를 이룰 수 있을 거예요. 기성세대는 자신들이 조금 더 가진 경험이나 능력이 있다면 전수해주어 젊은 세대가 전면에서 우리 사회의 민주주의를 잘 만들어갈 수 있도록 도와야죠.

인터뷰 후기

—

웃고 농담하며 진지하게 토론하고 서로 격려하는 와글 팀

피키, 마키, 도키, 쳐키, 제키, 시키, 솔키, 오키.

와글에서 함께 일하는 사람들의 별명이다. 와글에서는 수평적 조직문화를 위해 직함 대신 '~키'로 별명을 정해 부른다. 와글의 조직원들은 스타트업 치고는 나이 차이가 큰 편이라 별명 말고도 직위나 나이에서 오는 권위주의를 없애기 위해 이런저런 노력을 하고 있다.

"어디 가면 말을 많이 하는 편인데, 더군다나 와글 내에서는 제가 이사장이고 나이도 제일 많으니까 회의를 하다 보면 대충 나한테 동의한 것 같다는 생각이 들 때가 있어요. 그런데 한 명씩 자기 의견들을 펼쳐놓게 하면 조금씩 다른 포인트가 나오거든요.

말없이 나한테 동의한 것처럼 보이는 사람들의 속마음을 확인하고 그들이 좀 더 주체적으로 결정 과정에 참여하도록 하는 게 중요해요. 그렇지 않고 마지못해 따라온 경우에는 그 다음 활동이 되게 어려워지거든요."

이진순의 말처럼 와글에서는 들어온 지 얼마 되지 않은 신입도 자신의 역량을 얼마든지 발휘할 수 있다. 좋은 아이디어가 있으면 그것이 누구의 것인지는 중요하지 않다. 신입의 아이디어가 채택되면 신입이 그 아이디어의 책임을 진다.

너무 예스맨이라 좀 도도해지라고 '도키'라는 별명을 얻었다는 와글의 직원은 2016년 브렉시트 당시 '브렉시트 에디터톤'을 한 게 가장 기억에 남는 일이라고 와글의 블로그에 남겼다. 에디터톤이란 마치 마라톤을 하듯이 기사를 쓰는 건데, '각자 파트를 나눠 브렉시트에 대해 리서치하고, 가치 있는 정보를 뽑고, 어떤 기사에서도 보지 못했던 새로운 관점을 세우고, 매력적인 언어로 담아내는 작업을 전혀 지루하거나 힘들지 않게, 모두가 웃고 농담하며, 때로는 민주주의가 뭔가 진지하게 토론하고 서로 잘했다고 격려했던' 8시간의 에디터톤을 잊지 못한단다.

일주일에 한 번씩은 정치 과외를 받고, 한 달에 한 번 있는 '빈둥 데이'에는 모여서 맛집 탐방도 가고 방 탈출 게임도 하며 그야말로 하고픈 걸 하는 와글 사람들. 새로운 무언가를 발 빠르게 만들어내는 와글의 진취성은 와글의 조직문화와 별개로 존재하지 않았다.

10

혼자라도, 여자라도 얼마든지 마음 편히 늙어갈 수 있다

살림 여성학 전문이사 전희경에게 듣는

차별 없이 평등한 여성주의 의료복지 공동체 이야기

> "의사인 내가 전문가이니 믿고 따라오기만 하면 돼,
> 환자는 자세한 건 몰라도 돼"라는 식의 태도가
> 지배하는 의료체계 속에서
> 우리는 소외를 경험해요.
> 여성주의적인 의료복지는
> 환자와 의사가 평등하고도 협동적인 관계를 이뤄
> 믿을 수 있는 의료기관도,
> 한 사람 한 사람이 자기 건강의 주체로 살아가는 것도
> 가능하도록 만드는 거예요.

살림의료복지사회적협동조합

살림의료복지사회적협동조합(이하 살림)의 정관 첫 머리는 이러하다. '살림의료복지사회적협동조합은 평등·평화·협동을 지향하는 여성주의자, 의료인, 은평구 주민과 지역사회가 함께 건강하고 행복한 마을공동체를 만들고자 창립하였다.'

살림의 시작은 노후를 걱정하는 비혼 여성주의자들이 중심이 된 '여성주의의료소비자생활협동조합 준비모임(여성주의의료생협(준))'이었다. 이들은 여성, 성소수자, 아동, 청소년, 노인, 경제적 약자, 이주민, 장애인 등이 배제되지 않고 누구나 건강과 노후를 걱정하지 않으며 살아가는 마을을 만들기 위해서는 의료협동조합이 필요하다고 생각했고, 그 의료협동조합의 정신은 여성주의가 되어야 한다고 믿었다.

서울시 은평구에 자리 잡은 여성주의의료생협(준)은 2009년 결성되자마자 열성적으로 살림 창립을 위해 달렸다. 소식지 발행, 여성주의학교, 공개 설명회 등을 열며 여성주의 의료생협의 필요성과 가능성을 알리고, 산행, 일본어, 밑반찬, 텃밭, 춤, 걷기 등의 소모임을 진행하며 지역에서 뿌리내리는 작업도 함께했다. 2011년에는 월 1회 주치의 상담과 협동조합 공부모임을 진행했고, 찾아가는 건강강좌도 연 22회 개최했다.

이런 과정을 거쳐 드디어 2012년 2월 348명의 조합원들이 모여 살림 창립총회를 열었고, 8월에는 가정의학과 진료를 보는 '살림의원'이 개원했다. 그리고 2013년에 운동센터 '다짐'이, 2016년에 '살림치과'가 문을 열어 살림은 현재 총 3개의 사업소를 운영하고 있다.

건강한 관계로 둘러싸여 살아야 건강하다고 믿는 살림 조합원들은 다양한 소모임들을 자발적으로 꾸려 진행하고 있으며, 16명의 선출된 이사들로 구성된 이사회와 5개의 상설 위원회 - 건강마을위원회, 교육나눔위원회, 소통과참여위원회, 함께운동위원회, 경영위원회가 살림의 운영을 책임지고 있다. 2017년 10월 기준 살림의 규모는 조합원 2230명, 출자금 11억여 원이다.

전희경 _ 살림 여성학 전문이사

1974년생. 대학 4학년 때 운 좋게 여성주의를 만난 이후 다양한 여성주의 활동을 하며 살아왔다. 소위 '진보적인' 사회운동 내부의 가부장적인 문화와 싸우는 것에서 출발해, 2000년대 중반에는 '언니네트워크'에서 활동하며 엄청나게 많은 멋진 여자들을 만났다. 사회학과 여성학을 공부했고, 대학, 기업, NGO, 노동조합, 공무원 등 다양한 청중들과 만나 여성주의 강의를 하며 산다.

살림이 여성주의의료생협(준)으로 시작했을 당시 26번째 조합원으로 가입하고 응원만 하다가, 2010년 살림이 창립 이전부터 지속해온 가장 오래된 교육사업인 '여성주의학교' 강의를 맡으며 살림의 구체적인 활동에 가까이 발 담그기 시작했고, 2012년 살림 창립 때부터 '여성학 전문이사'로 활동하고 있다.

전희경은 "살림에서 활동하면 감동할 일이 많을 것"이라는 친구의 예언대로, 살림에서 예상치 못한 감동들을 느끼며 살고 있다. 지난한 회의와 수많은 사건사고, 끝없는 배움과 괴로운 자기성찰…, 그 갈피갈

피마다 마음을 뜨겁게 하는 것들이 있다고. 여성주의와 협동조합운동이 만날 때 얼마나 깊은 비전을 갖게 해주는지, 사람이란 얼마나 다양하고 복잡하며 또 놀라운 존재들인지 매일 깨닫고 또 배우는 중이다. 여하튼 확실한 건, 여성주의 의료협동조합은 '쉬워서가 아니라 필요해서 하는 일'이라는 것. 그 일을 함께하는 것이 어렵지만 참 좋은 전희경의 장래 희망은 멋있는 할머니 페미니스트가 되는 것이다. 저서로 『오빠는 필요 없다: 진보의 가부장제에 도전한 여자들 이야기』, 『페미니스트 모먼트』(공저), 『성폭력을 다시 쓴다: 객관성, 여성운동, 인권』(공저) 등이 있다.

결혼하지 않아도, 엄마라도 비난받지 않고 진료받을 수 있는 병원

살림은 여성주의를 지향하며 설립되었는데요. 그 첫 시작이 궁금합니다.

전희경 제가 여성학 전문이사로 활동한 건 살림이 창립한 2012년부터였지만, 살림의 불씨는 2009년부터 지펴졌어요. '나의 노후를 어떻게 준비할 것인가?' 고민하며 공동의 대안을 찾던 비혼 여성주의자들이 살림의 초동 멤버였지요.

결혼하지 않고 가족제도 안에 들어가지 않으려고 하면 주위에서 많은 협박이 쏟아져요. 젊을 때나 혼자 사는 게 좋지 나중에 어쩌려고 그러느냐, 더 늦기 전에 남자를 데려와라, 병들고 아프면 가족이 최고다, 이런 식의 이야기들을 하면서 말이에요. 그런데 결혼과 가족이 병들고 아프고 늙었을 때 정말 대안이 되어줄까요? 가족 내 돌봄의 80% 이상을 여성이 맡고 있는 기존 가족제도가 여성 자신에게도 안전망이 될까요? 또 '아프면 가족밖에 없는' 사회가 정말 좋은 사회일까요?

그렇지 않다고 생각한 여성주의자들이 2009년 여성주의 의료협동조합을 만들기 위해 모였어요. 지역에 뿌리내릴 의료협동조합을 준비하다가 은평 지역에 자리 잡게 된 건, 당시 은평구에서 십여 년 정도 마을운동을 일궈오셨던 여성 활동가들을 만나게 되고, 그 언니들이 '은평에 다른 건 다 있고 의료협동조합만 들어오면 이제 완성'이라고 해서였대요. 물론 나중에 알고 봤더니 '뻥'이었죠(웃음). 그래도 이들이 적극적으로 끌어당겨주어 살림이 은평에 잘 안착할 수 있었어요.

지금은 돌아가셨지만, 오랫동안 여성운동과 정치운동을 해오신 박영숙 선생님이 '살림이 재단' 사무실 한편을 굉장히 싼 값에 준비모임에 빌려주신 것도 큰 도움이 됐어요. 2012년 살림 창립총회 때 "첫 딸이 잘돼서 나가니 좋다"라고 축사해주셨던 게 기억이 나네요. 그렇게 여러 사람의 도움과 지지를 받아 창립을 하고, 첫 사업소인 살림의원의 문을 열 수 있었죠.

살림이 기치로 내세우고 있는 '여성주의 의료'는 기존의 의료와 무엇이 다르나요?

전희경은 "감동할 일이 많을 것"이라는 친구의 호언장담에 살림의 여성학 전문이사를 맡아, 마을에 기반한 여성주의 의료협동조합 활동가로 살아가고 있다.

전희경 여성주의 의료라니 무슨 의미인가 싶으시죠? "여성주의면 남성은?"이라고 질문을 던지는 사람도 있는데요. 여성주의 의료는 여성만 진료하는 것도, 여성을 우대해주는 것도 아닙니다.

여성주의란 우리 사회의 가부장제와 남성 중심의 가치체계에서 벗어나 성별, 장애, 성적 지향 등으로 인한 차별과 사회적 배제를 없애자는 이념이에요. 여성주의 의료는 이러한 여성주의가 관철되는 의료고요.

우리가 흔히 큰 병원에서 많이 느끼는 문제들이 있잖아요. 의사가 환자는 바라보지 않고 모니터만 보고 얘기한다든지, 설명을 제대로 안 해준다든지, 아픈 것에 대해 환자나 환자 보호자를 야단친다든지 하는 것들이요. 이런 것들은 단순히 개별 의사의 인성 문제라기보다는 구조적인 문제이고, 그런 구조가 만들어진 바탕에 남성중심적인 의과학, 가부장적인 의료모델이 중요하게 자리 잡고 있다고 보는 겁니다. "의사인 내가 전문가이니 믿고 따라오기만 하면 돼, 환자는 자세한 건 몰라도 돼"라는 식의 태도가 지배하는 의료체계 속에서 우리는 소외를 경험해요.

여성주의는 '세계관'이자 '관점'으로서 우리 일상 전반을 다시 보게 하고, 그동안 당연하고 자연스럽게 여겨져왔던 차별들을 발견하게 해줘요. 여성주의 관점에서 보니 의사와 환자의 관계가 너무나도 위계적이고, 환자의 아픈 몸은 '오작동하는 기계' 정도로 취급당하고, 여성을 비롯한 사회적 약자들은 세상에서 경험하는 차별을 병원에서도 그대로 겪고 있더라는 거죠.

여성주의적인 의료복지는 환자와 의사가 평등하고도 협동적인 관계를 이뤄 우리 모두가 원하는 '믿을 수 있는 의료기관'도, 한 사람 한 사람이 자기 건강의 주체로 살아가는 삶도 가능하도록 만드는 거예요. 평등한 관계, 믿을 수 있는 의료·건강 사업소, 서로 돌보는 공동체를 만들어서 건강할 때 함께 건강을 누리고 아플 때 기꺼이 서로 돌보는 사회를 만들자는 것입니다.

아직 살림은 창립 6년차에 지나지 않아 우리만의 힘으로 다 실현할 수 없는 여러 한계들이 있지만, 어떤 환자든지 차별받지 않는 세상을 위해 노력하고 있어요. 언젠가는 모든 의료기관이 그럴 수 있어야 한다고 생각하고요. 여성주의가 꿈꾸는 세상은 모두가 자기다울 수 있고, 차이가 어우러지면서도 민주적이고, 소외 받는 이 없이 함께 평등하고 평화롭게 사는 것이니까요.

살림에서 여성주의 의료는 실제로 어떻게 구현되고 있나요?

전희경 가정의학과 진료를 보는 살림의원은 개원 초반부터 아이 엄마들 사이에 입소문이 났어요. 그런데 그 엄마들이 살림의원 단골이 된 이유로 많이 꼽는 게 단순히 '항생제 처방률이 낮다'는 것만은 아니었거든요. 살림의원에서는 아이가 아픈 것에 대해 엄마를 비난하지 않는다는 게 중요한 이유 중 하나였지요.

지금 우리 사회에서는 가령 아이에게 아토피 피부염이 있으면 '엄마가 밖으로 싸돌아다니지 말고 유기농 음식을 먹이고 잘 보살펴야 되는데 그러지 않아서 애가 이 모양이다' 하는 식으로 비난하는 경우가 많잖아요. 이건 사회문화와 구조 탓이에요. 맞벌이 부부 집에 어느 날 시부모가 갑자기 방문했을 때 집안이 더러우면 남편보다 아내가 더 비난받고 또 아내도 스스로 더 죄책감 느끼는 거랑 같은 맥락이죠. 맞벌이 하느라 바쁜 건 마찬가지인데.

'아이는 일차적으로 엄마 책임'이라는 규범이 굉장히 강하기 때문에, '엄마'인 여성들이 진료실에 애를 데리고 들어오면서 의사가 아직 아무것도 안 물어봤는데도 일단 변명부터 한대요. 우리 애가 그저께부터 열이 났는데 그때 데리고 오려고 했는데, 하루는 회사가 너무 늦게 끝났고 하루는 큰애에게 일이 있었고, 그래서 정말 시간이 안 났다 등

등등. 왜 알아서 '변명'을 할까요? 아마 이제껏 우리 사회가 '엄마 탓'을 너무 많이 해왔고, 그로 인해 강제된 죄책감이 크기 때문이겠죠. 전업맘의 경우는 말할 것도 없습니다. 집에서 '놀면서(?)' 애 하나 건사 못하고 뭐 했느냐고 비난하죠. 사회적 비난이 내면화되면 죄책감이 됩니다.

그래서 살림의원에서는 의식적으로 '엄마'에게 책임을 돌리는 발언을 하지 않기 위해 노력합니다. 또 아픈 아이를 보살피는 방법을 교육할 때도 "어머니가 잘 지켜보세요"라고 말하지 않고 "보호자들이 잘 지켜보셔야 됩니다" 하고 얘기하죠. 이런 부분이 수량화된 지표로 나타나지는 않지만, 환자나 보호자들이 진료실에서 의사와 대면했을 때 '어, 여기는 좀 다르네, 내 이야기를 잘 들어주네' 하고 느끼는 것 같아요. 여성주의는 평등과 정의를 실현하려는 것이고, 우리 삶의 일상 속에서 타인을 존중하고 나도 존중받는 관계를 만들고자 하니까요.

또 운동센터 다짐에는 체중계나 건장한 남성 몸을 기준으로 설계된 육중한 운동기구들이 없어요. 자신의 건강상태, 체질, 생활패턴과 무관하게 여성에게는 날씬함을, 남성에게는 초콜릿복근을 강요하는 사회에서는 자신에게 잘 맞는 '건강한 상태'가 무엇인지조차 알기 어렵거든요. 다짐에서는 성별, 연령, 성적지향, 체질, 키, 건강상태 등이 매우 다양한 사람들이 모여서 맞춤형 그룹운동을 하는 경험을 하면서, 성별규범을 넘어서 몸과 건강에 대한 대안적인 생각을 할 수 있게 됩니다.

살림은 여성주의 의료를 실현하는 병원이기도 하지만, 의료복지사회적

여성주의 의료를 지향하는 살림의원에서는
아이가 아픈 것에 대해 엄마를 비난하지 않는다.

협동조합(이하 의료사협)**이잖아요. 협동조합과 여성주의가 만난 건데요. 이 둘이 서로 만나 시너지 작용을 일으키고 있나요?**

전희경 저도 살림 활동을 하면서 배우고 깨닫게 되었지만, 여성주의운동과 협동조합운동은 서로 맞닿아 있는 부분이 많아요. 무엇보다 '한 사람 한 사람이 자기 삶과 건강의 주체'라고 바라보는 관점이 그렇죠.

살림치과 복도에는 이런 문장이 붙어 있어요. '평생의 구강건강을 생각하며 진료하는 치과주치의/ 구강보건교육과 예방처치의 전문가인 치과위생사/ 그리고 치아건강의 주체인 환자가 서로 소통하고 협동합니다./ 구강건강의 기본은 올바른 잇솔질입니다./ 살림치과는 올바른 잇솔질을 배우고 실천할 수 있도록 돕습니다./ 구강건강의 주체

인 여러분의 변화를 응원합니다.'

말하자면 살림이 내 건강을 '대신' 책임져주는 게 아니에요. 의료협동조합은 조합원이 주인이고, 조합원들 자신이 건강의 주체가 되어 자기 건강을 스스로 잘 꾸려갈 수 있도록 스스로 돕고 서로 돕는 조직이죠. 의사에게 판단력과 주체성을 위임하는 것이 아니라요. 좋은 의사가 개인병원을 열어도 충분히 좋은 병원은 될 수 있겠지만, 그 병원에서는 환자가 주체는 될 수 없잖아요. 여성주의 역시 그렇습니다. 차별 없는 평등한 세상에서 모두가 자기 삶의 주인공으로 살아가기를 바라니까요.

여성주의 없이
좋은 세상을 만드는 건 불가능하다

'여성학 전문이사'라는 직함이 특이합니다. 창립총회를 얼마 남겨두지 않은 시점에서 살림에 참여하게 된 걸로 아는데, 어떻게 함께하게 된 건가요?

전희경 첫 활동은 창립 이전 '여성주의의료생협(준)' 시절인 2010년에 여성주의학교 강의를 맡은 것이었어요. 하지만 그때는 아직 그냥 조합원으로서의 느슨한 소속감만 갖고 있었지요. 그러다 시간이 흘러 2012년 1월 박사논문을 4년 만에 겨우 마무리하고 여행을 떠났을 때였어요. 휴가지에서 전화를 받았는데, 여성주의 의료협동조합 창립을 앞두고 초대 이사진을 구성 중이니 여성학 전문이사를 맡아달라고 하더군요. 살림은 협동조합이니까 이사장, 이사, 감사 등의 직책이 있거든요. 그런데 여성학 전문이사라니 생전 처음 들어보는 직함이기도 했고, 개인적으로는 너무 지쳐있었을 때라 거절하려고 했어요. 그런데 살림에서 활동하면 분명히 감동할 일이 많을 거라는 거예요. 제가 감동에 약하거든요(웃음). 아무튼 그렇게 친구의 호언장담에 넘어가(?) 살림의 1기 이사로 출마해 총회 선출을 거쳐 여성학 전문이사로 활동을 하게 되었습니다.

그 과정에서 가만히 돌이켜보니, 사실은 저도 살림의 초동 모임이 했던 고민을 똑같이 하고 있었더라고요. 나이가 들면서 크고 작은 질병들이 찾아오고 장례식장에 갈 일이 많아지면서, 나중에 크게 아프면 어떡하나 하는 두려움이 생겼죠. 사람들은 제게 "그러니까 결혼해"라고 했지만, 그게 답이 될 수는 없잖아요. 한국의 복지체계는 '가족을 통한 복지'로 악명(?)이 높습니다. 개인 단위로 복지체계가 만들어지지 않아 사람들이 '아프면 가족밖에 없다'고 생각하게 된 거죠. 하지만 '아프면 가족밖에 없는' 사회는 정말 무섭고 불안한 사회가 아닐까요? 가족 안에서의 돌봄 중 대부분이 여성에 의해 이뤄지고 있다는 점에서 매우 부정의한 사회이기도 하고요. 나아가 100세 시대에는 누구나 인생의 어떤 시점에 혼자가 되기 마련인데, 그럴 때 '가족밖에' 없다면 모두가 노후를 걱정할 수밖에 없겠지요. 그런 점에서, 살림은 나이 들고 아플 것을 걱정하는 모든 사람에게 대단히 현실적인 답이 될 수 있겠다는 생각이 들었어요. '정부나 기업이 해주기를 기다리지 말고, 필요한 것을 우리 스스로 만들어 나가자'는 협동조합의 정신도, '평등하고 정의로운 사회에서 우리 모두가 건강할 수 있다'는 여성주의적 지향도

멋있었죠. 무엇보다 필요했고요.

살림은 제가 지금껏 해왔던 여성주의운동과 성격이 꽤 달라요. 이전까지 저에게는 어떤 사안에 대해 입장이 같은지 다른지가 아주 중요했어요. 그에 반해 살림은 마을을 기반으로 하다 보니 정말 다양한 사람들을 만나게 돼요. 항상 시끌시끌하고, 때로는 짜증나는 일도 많이 생기죠. 하지만 그게 마을인 것 같아요. 마을이 질서정연하고 조용하면 이상하잖아요? 나이도, 세계관도, 살아온 경험도 다른 사람들과 부대끼며 좌충우돌하면서 저 스스로도 많이 달라지고 성장하고 있습니다.

하지만 여성주의 병원이라서 살림을 찾는 사람들보다는 항생제를 적게 쓰는 등 좋은 진료를 하기 때문에 오는 사람들이 다수일 텐데, 여성학 전문의사로서 살림의 정체성을 유지하기 위해 고민이 많을 것 같아요.

전희경 생협에도 "나는 그냥 시금치가 싱싱해서 가입했지 '생명살림'이나 'GMO 문제' 같은 건 잘 모르겠다"라고 말하는 조합원이 많지 않나요? 저를 포함해서 대부분의 시민들은 사회의 지배적 가치체계에 영향을 받을 수밖에 없어요. 새로운 가치를 알기 전까지는요.

여성주의는 세상을 보는 새로운 관점입니다. 그리고 그 새로운 관점은, 단지 내가 여자로 태어났다고 자동으로 장착되는 것은 결코 아니라고 생각해요. 그러니까 노력하고 공부하고 자신을 스스로 훈련하지 않으면 생물학적으로 여자건 남자건 다 기본값은 가부장주의자일 수밖에 없죠. 저도 그랬고요.

살림의 여성주의학교 슬로건은 '여성주의만으로 좋은 세상을 만들기는 어렵습니다.
하지만 여성주의 없이 좋은 세상을 만드는 것은 불가능합니다'이다.

하지만 사람은 교육이나 경험, 좋은 관계를 통해서 서서히 바뀌어 가잖아요. 그것을 희망하면서 시작하는 거죠. 이건 모든 협동조합이 마찬가지일 거라고 생각해요. 여성주의학교의 슬로건이 '여성주의만으로 좋은 세상을 만들기는 어렵습니다. 하지만 여성주의 없이 좋은 세상을 만드는 것은 불가능합니다' 거든요. 저는 진심으로 그렇게 믿고, 여성주의는 모두에게 좋다고 생각해요.

특히 살림의원이나 살림치과 이용을 계기로 조합원으로 가입하는 사람들의 경우 '병원이니 그냥 좋은 의료하면 되지 않나, 그것만으로도 충분히 훌륭한 거다'라고 생각을 하는 게 당연하기도 해요. 하지만 막상 구체적으로 어떤 의료가 좋은 의료인지를 하나하나 생각하다 보면 결국은 우리가 바라는 좋은 의료를 위해서 여성주의가 꼭 필요하다는 것을 이해할 수 있습니다. 앞으로도 이러한 이해가 더 많은 조합원들과 주민들에게 가닿을 수 있도록 설득해 나가야겠지요.

협동조합운동에서 건강한 조직 운영, 믿을 수 있는 좋은 의료, 안심할 수 있는 노후, 아픈 것을 비난받지 않는 사회, 돌봄을 주고받을 수 있는 공동체, 존엄한 늙음과 죽음, 이런 것을 향해 나아가려고 할 때, 여성주의가 주는 통찰과 힘, 상상력이 굉장히 많아요.

예를 들어 여성주의학교를 수료한 분들은 무엇보다 자기 삶, 자기 가족관계, 자기 몸 등 자신의 일상을 해석하는 새로운 시각을 얻었다는 점을 가장 뿌듯하게 평가하거든요. 그런 관점의 변화가 당연히 사회를 보는 관점의 변화로도 연결될 테고요. 살림은 협동조합운동이면서 의료운동이고, 동시에 광의의 여성주의운동이기도 해요. 모든 사회운동이 확장하다 보면 서로 만나게 되니까요.

살림에 오면 감동할 거라고 했던 친구의 말은 사실이던가요(웃음)?

전희경 네! 완벽하거나 훌륭해서가 아니라, 살림에서 사람들을 만나고 일을 해나가는 방식, 크고 작은 의사결정을 하고 사업을 진행하는 방식들 속에서 감동하고 배우는 일들이 정말 많아요. 한 번의 회의, 하나의 위원회, 하나의 사업 안에 한 세계가 있다는 걸 느끼죠.

예를 들면 저는 비혼이지만 살림에서 활동하면서 '아이돌봄이란 어렵고 전문지식과 숙련이 필요한 일'이라는 걸 훨씬 구체적으로 알게 됐어요. 아이 엄마들이 조합에 참여해 활동하고 싶고 재미있는 교육이 있어 배우고 싶어도, 애는 안 떨어지고 아빠는 애를 안 봐주니까 '미쳐버릴 것 같은 분노와 자괴감'을 품는 걸 가까이에서 봐요. 참여할 마음이 없는 게 아니라 여건이 안 되는 거죠.

그러니 조직에서 아이돌봄을 제공하거나 아이돌봄이 가능한 어떤 시스템을 만들어야 그 사람들이 참여할 수 있는 거잖아요. 협동조합의 1원칙이 '자발적이고 개방적인 조합원 제도'인데, "누구나 올 수 있어요"라고 말한다고 누구나 올 수 있는 건 아니죠. 무엇이 특정 집단을 올 수 없게 하는지, 그 문턱을 적극적으로 발견하고 줄이려고 노력하는 것이 여성주의 가치고, 그게 협동조합 1원칙을 더 풍성하게 만드는 부분이라고 생각해요.

아이돌봄을 엄마만 할 수 있다는 건 새빨간 거짓말이에요. 다 배워서 하는 거고 해보면서 숙련되는 거죠. 그래서 조합에서 큰 행사를 할 때는 아이돌봄을 어떻게 할지 미리 회의에서 길게 논의하곤 합니다. 행사 성격에 따라 이번에는 어디에서 돈을 주고 사람을 부르자, 아니면 누가 맡아서 분담하자, 아예 아이들 방이 있는 곳으로 빌리자 등 행사할 때마다 중요한 이슈가 돼요. 이런 고민과 애씀의 과정 하나하나가 감동적이죠.

물론 아이돌봄이 따로 없는 행사도 있는데요. 이럴 때는 조합원들이 아이가 왔다 갔다 하거나 조금 울거나 해도 되는 분위기인지 물어봐요. 애가 울면 안고 밖으로 나가야 하는 분위기인 행사에는 엄마들이 안 오거든요. 그럴 때 살림에서는 이렇게 얘기하지요. 애가 울면 "우리가 애 울음소리에 익숙해져야 된다"라고, "그냥 견디고 나가지 말자"라고요. 우리 그릇의 크기를 키우자고 해요. 이렇게 막 길게 얘기하고 있지만 저도 아직 연습 중입니다(웃음).

살림의 행사에서뿐만 아니라 우리 사회 전체적으로도 돌봄에 대한 지식이 공유되고, 돌봄을 분담하는 시스템이 마련되면 좋을 텐데요.

전희경 맞아요. 일본에 50년 된 미나미 의료생협이라고, 한국 의료사협의 중요한 모델이자 많은 영감을 주는 곳이 있어요. 거기에서 치매(인지장애증) 환자를 위한 그룹홈을 처음 만들려고 할 때 지역주민들의 반대가 엄청났대요. 치매 환자들이 마을을 배회하거나 밤에 소리를 지르며 다닌다거나 하면 어쩌냐면서요. 말하자면 '혐오시설'이라는 거죠.

그래도 미나미에서는 몇 년을 설득해 주민 동의를 받아 결국 그룹홈을 만들었는데, 그 과정에서 한 일이 지역주민들 대상 '치매 서포터즈 양성 교육'이었대요. 교육내용은 아주 분명했어요. "돌아다니는 치매 환자를 만나면 뭐라고 말을 걸고, 그 다음에 손을 잡고 어디로 데리고 가면 됩니다"라는 지식을 알려주는 거였죠. 마을주민들 모두가 이런 지식을 알면, 마을 전체가 치매 환자들에게 안전해져요. 그런 마을에서는 치매 환자들을 가둬놓지 않아도 되고, 자유로운 치매 시설이 있으면 나중에 치매 걸릴까 불안해 하며 보험을 몇 개씩 들어놓지 않아도 되죠. 마을을 넘어 사회 전체에 그런 지식이 공유되고 연습되면 우리가 맞이할 노후가 더 안전하고 편안해질 거예요.

'누구나 돌볼 수 있고, 기꺼이 돌볼 수 있고, 돌봄받을 수 있다'라는 건 살림이 여성주의 가치에 기반해서 이야기하는 굉장히 중요한 부분이에요. 지금은 너무 불공정합니다. 집에서 무급으로 돌보건 밖에 나가서 요양보호사, 간병인이 되어 유급으로 돌보건 간에 다 여자죠. 사실 인간이 자기 힘으로 걸어 다닐 수 있는 시간은 그렇게 길지 않아요. 태어나서 앞부분의 긴 시간, 죽기 전에 뒷부분의 긴 시간을 다른 사람한테 의존하고 돌봄받아야 하는데, 이걸 다 가족에게, 그중에서도 여성에게 전담시키는 것이 지금 가부장제 사회의 성별분업이지요. 공사 영역 모두에서 돌봄이 정의롭게 재분배되어야 한다고 봐요. 그래야 나도 안심하고 돌봄받는 그날을 두려워하지 않을 수 있습니다.

작은 노력 하나하나 소중히 생각해야
멋있는 페미니스트

살림은 협동조합이다 보니 진료실 바깥에서 진행되는 일들이 많을 텐데요. 아이돌봄 말고도 여성주의 조직문화를 일구려고 많이 노력하고 있을 것 같습니다.

전희경 여성주의가 살림에서 드러나는 방식은 다양합니다. 평등이나 민주주의, 다양성 같은 가치를 회의나 공식문서에 표방하는 거로 끝내지 않고 매일매일 작은 행위나 의사소통에서부터 실현하려 하기 때문일 거예요.

예를 들어 살림에서는 큰 행사 마지막에 항상 준비한 손길들을 언급하고 감사를 표현해요. 수박 한 통은 누가 줬고, 시계는 누가 달았고, 꼬치는 누가 끼웠고, 청소는 어떻게 했고, 어제 직원들은 몇 시까지 회의하고 준비했다, 이런 식으로 행사나 사업 하나가 완료되기까지

살림에서는 보이지 않는 그림자 노동이었던 것들을 드러내고,
작은 활동 하나하나가 다 소중하게 조합에 기여한 거라고 의미를 부여한다.

들어간 수많은 손길을 최대한 자세하게 언급하고, 또 기록해두려고 애쓰지요. 이건 살림이 시작할 때부터 의식적으로 노력하면서 문화로 만든 거예요.

보이지 않는 그림자 노동이었던 것들을 드러내고, 이 모든 것이 다 조합원의 활동이고 작은 활동 하나하나가 다 소중하게 조합에 기여한 거라고 의미를 부여해요. 그냥 '물 묻힌 김에 설거지하는' 사소한 일이 아니라, 공동체를 이루는 공적인 활동이라는 점을 분명히 하는 거죠.

또 살림에서는 결정하는 사람과 실행하는 사람이 분리되지 않도록 많이 노력하고 있어요. 행사 끝나고 뒷정리할 때도 조합원들, 임원들 다 같이 해요. 교육행사 같은 경우 조합원들은 수강료를 내고 듣는 거지만 정리는 같이 하고요. 임원들도 마찬가지예요. 그렇지 않으면 실무자들만 '손발로 부려진다'고 느끼게 되기 쉽거든요. 그렇게 되지 않고 구상과 실행이 유기적으로 연결되도록 힘쓰고 있어요.

물론 모든 일을 함께할 수는 없기 때문에 일정한 조직구조 속에서 책임과 역할이 분배됩니다. 그렇지만 구상이 어떤 단위에 위임되면, 그 다음에 중요해지는 것은 최대한 조합원들과 공유하기 위해 어떻게 해야 하는가겠지요. 그래서인지 직함을 단 사람일수록 조금 더 많이 손발을 움직여야 된다는 분위기랄까, 말로 약속한 건 아니지만 그런 분위기가 좀 있어요. 임원은 대접받는 자리라기보다는 위임받은 권한만큼 책임이 있는 자리이고, 시간을 내고 몸을 움직여서 조합을 위해 더 많이 일하는 사람들이라는 생각이 어느 정도 자리를 잡아가고 있는 것이겠지요.

살림의 남성 조합원들은 어떤가요? 여성주의 문화에 거부감 없이 잘 참여하나요?

전희경 한번은 여성주의에 관해서 임직원 교육을 하는데, 회계감사를 맡은 남성 감사님이 이런 말씀을 하셨어요. "남자들이 진짜 우매한 것 같다. '남자다움'이라는 짐을 내려놓으면 모두 같이 살기가 훨씬 좋은데"라고요. 그때 굉장히 감동했어요. 그분은 은평 지역에서 '아빠맘 두부'라는 마을기업을 하고 계신 분인데요. 기업 이름도 새롭죠. 맨

날 '엄마손 파이', '어머니의 손맛' 이런 거만 하다가 돌보는 역할을 하는 사람으로 아빠라는 이름을 쓰는 거니까요.

은평에는 이렇게 예외적인 남성 시민들이 꽤 있어서, 그런 분들의 멋진 모습을 발견할 때면 열심히 사람들한테 알리려고 해요. 뭐를 멋지다고 평가하는지, 어떤 모습을 좋게 보는지, 누구의 발언을 경청하는지에 따라 조직문화가 만들어지는 것이라고 생각하거든요. 조합원 행사 때 어쩌다가 남성 조합원이 참여해서 설거지를 하거나 사과를 깎으면 조금 과하게 칭찬할 때도 있어요(웃음). 사진을 꼭 남겨 온라인으로 포스팅하기도 하고요. 선례를 남기기 위해 일부러 그러죠.

'멋지다'를 기준으로 한다니 흥미로와요. 보통은 무엇이 효율적이고 생산적인가를 기준으로 삼고, 시민사회운동을 하는 곳에서는 무엇이 올바른가를 기준으로 삼는 경우가 많은데 말이죠.

전희경 효율은 중요하지요. 하지만 그 효율성이 지속되고 확장되려면, 함께하는 사람들이 다 같이 성장하는 것 역시 중요하지 않을까 싶습니다. 예를 들어 살림의 교육나눔위원회에서는 회의 진행을 돌아가면서 해요. 회의자료와 회의록 작성도 마찬가지고요. 이 방식이 직원의 하중을 덜고 참여하는 위원들의 주인의식을 높이는 면에서 효과가 좋거든요. 물론 이게 쉽지는 않아요. 구성원이 열 명 정도 되면 일년에 한두 번 자기 차례가 돌아오는데, 계속 하던 일이 아니라서 방법을 잊어버리기 일쑤예요. 그러면 어떻게 하는지 물어봐야 하고, 알려줘야 하고, 오히려 더 복잡합니다. 그냥 한 사람이 맡아서 하는 게 더

효율적이죠.

하지만 회의록이 좀 부실하면 어떤가요? 아름답고 완벽한 결과물에 매진하다 보면 결국 '선수'끼리만 협동하게 되겠죠. 아마추어들이 잘 운영할 수 있어야 협동조합이 오래갈 수 있다고 생각하기 때문에, 아니 그렇다고 배웠기 때문에(웃음) 효율성이 자꾸 유혹할 때마다 원칙을 잊지 않으려고 노력합니다. 어렵고 시간도 오래 걸리지만, 노력하지 않으면 협동조합을 협동조합답게 운영할 수 없으니까요.

살림은 비혼 여성들이 주축이 되어 시작한 건데, 비혼 여성 조합원과 기혼 여성 조합원 사이의 갈등이 없는지도 궁금해요.

전희경 음… 기억을 더듬어 보면, 초창기에는 다른 지역에 살다가 살림 때문에 이사 온 비혼 여성과 은평 지역에서 오랫동안 살아온 기혼 여성 활동가가 분명하게 나뉘는 것처럼 보였어요. 그러다 보니 이런저런 조율 과정을 겪고, 서로에 대한 호기심과 낯설음이 오가고, 오해가 생겼다 풀렸다 하는 일들이 없었다고는 할 수 없지요.

이제는 함께한 시간이 쌓여 '지금 어떤 결혼 상태냐', '비혼이냐 아니냐'보다 '살림에서 얼마나 재미를 느끼면서 활동하는가'가 더 중요해졌어요. 비혼이나 기혼이나 모두 꼭 동질적인 집단인 것도 아니고요. 가령 60대 기혼 여성은 조용한 대기실을 원하지만, 30대 기혼 여성은 아이들이 자유로울 수 있는 대기실을 원하거든요. 비혼 여성들 역시 건강상태나 계급, 지역 등에 따라 차이가 매우 크지요.

그러니 적어도 조합 활동에 많이 참여하는 조합원들은 기혼이냐 비혼이냐 그 자체를 첨예한 경계선으로 느끼지는 않는 것 같아요. 저도 요즘에는 그런 식의 갈등을 별로 느끼거나 본 적이 없고, 오히려 '함께해서 재밌다' 쪽에 가깝습니다. 시간이 흐르고 많은 일들을 함께하면서 쌓은 신뢰와 여유 덕분이 아닐까 싶어요.

그리고 살림에서는 아무래도 여성주의의료생협㈜으로 시작했던 출발과 여성주의 가치, 그 동안의 역사와 조직문화가 있기 때문에, 성소수자나 비혼인, 1인 가구 조합원들이 다른 곳에 비해 상대적으로 조금은 더 편안하게 자기를 드러내며 활동할 수 있어요. 사회구조적인 약자, 소수자, 비주류인 사람들이 적극적으로 활동하고 목소리를 내는 과정에서 이런저런 에피소드가 생기는 건 당연하다고 여기고 있고요.

살림 활동을 하면서 이상과 현실이 부딪힌 경우 혹은 시행착오를 겪은 경우도 물론 있겠지요?

전희경 그럼요. 아주 많이요. 제일 먼저 생각나는 건, 그동안 살림이 직원들에게 좋은 직장이 되면 좋겠다고 생각하고 이런저런 노력을 하며 겪은 일이네요. 처음에 이사진들은 어떤 직군이건 권위적이지 않고 존중받는 곳이 좋은 직장이라고 생각하고 그런 방향으로 살림을 만들려고 했는데, '좋은 직장'에 대한 최우선 기준이 직군이나 직장에서 처한 환경에 따라 다르다는 걸 알게 되었어요. 예를 들면 간호조무사나 치과위생사에게 좋은 직장과 조합사업부 직원한테 좋은 직장의 조건이 다른 거죠. 아직 살림의원 간호팀이 안정되지 않았던 초창기에, 간호조무사라는 직업군에서 가장 중요한 건 칼퇴근과 더 많은 월급일

살림은 협동조합운동이면서 동시에 광의의 여성주의운동이다.
살림의 조합원들은 자신의 일상을 해석하는 새로운 시각을 살림에서 배우고 있다.

수도 있더라고요. 시행착오를 겪으며 알게 된 거죠. 한편 조합사업부의 경우 직무 자체가 연속성이 높아서 의식적으로 '야근 줄이기 프로젝트'를 진행해보기도 했죠.

직원도 한 사람의 시민이자 조합원으로서 조직의 가치에 함께할 수 있는 그런 직장을 만들려면 어떻게 해야 하나 고민이 큽니다. 그래서 지금은 협동조합에서의 노동에 대해 이사회 차원에서 TFT를 구성해서 공부 중이기도 합니다.

한편 협동조합의 주인이 조합원이라고 하지만, '주인의식'은 그냥 처음부터 있는 것이 아니라 굉장히 많은 교육·훈련과 끊임없는 토론을 통해 서서히 만들어지는 것임을 느끼고 있어요. 조합에 대한 이해도가 높은 조합원의 '주인의식'은, 단순히 사업소만 이용하는 조합원의 '주인의식'과는 매우 다를 테니까요.

이 글을 읽는 독자들에게 일상에서 여성주의를 실천하기 위한 팁을 하나 준다면 어떤 게 있을까요?

전희경 일상의 작은 변화가 중요하다고 생각합니다. 우리가 '이 정도는 큰 문제 없지 않나', '자연스러운 거 아닌가'라고 흔히 생각하는 성별분업, 성역할, 성별규범 등에 대해서 의식적으로 문제화하고 변화시키려는 노력이 없으면, 그것이 조금씩 조금씩 자신의 세력을 키우게 되거든요. 지배 문화가 그러니까.

예를 들면 이런 거죠. 많은 사람이 칭찬이나 인사로 "미인이시네요"라는 말을 하잖아요. 그런데 그게 조금 더 연장되면 "와, 특히 다리가 예쁘시네요"가 되고, 그 다음에는 "이 정도 각선미면 미인대회 나가도 되겠네요", "꿀벅지네요", "꿀벅지는 유혹적이네요", "꿀벅지 따 먹고 싶다", "저 꿀벅지를 따먹어 버리자" 이렇게까지 가거든요. "미인이시네요"라는 말은 무해해 보이지만 바로 그 말의 연장선 끝에 우리가 해롭다고 생각하는 언어 성폭력이 도사리고 있죠. 그러니까 언어 성폭력을 없애고 싶다면 "미인이시네요"라는 칭찬부터 바꿔나가야 한다고 생각합니다.

사실 여성이나 남성이나 정체성이 단일한 하나의 집단이 아니에요. 여성 대 남성이라는 하나의 경계선만 있는 것도 아니고요. 대통령이었던 여성과 비정규직으로 청소 노동을 하는 여성을 그냥 '여성'이라는 말로 똑같이 평가할 수는 없지 않겠습니까? 한국 사회는 성평등 지수가 OECD는 말할 것도 없고 전 세계 국가들과 비교해도 100등 바깥일 정도로 낮으니 여성이건 남성이건 혹은 그 누구이건, 평등하고 정

살림의 운동센터 다짐에는 러닝머신 같은 기구가 없다.
'관계'로 건강해지는 곳이기 때문이다.

의로운 사회를 만들고자 하는 시민이라면 누구나 우리 사회의 성평등을 위해 노력해야겠죠.

마지막 질문입니다. 살림의 10년 후가 어땠으면 좋겠나요?

전희경 저는 현재 직분이 여성학 전문이사이기 때문에, 살림의 규모가 점점 커지더라도 여성주의적 가치가 계속 잘 유지되도록 하는 것이 가장 큰 관심사이고 제 역할이라고 생각하고 있습니다. 살림이 조합원 300명일 때나 3만 명일 때나, 자신이 페미니스트라고 이야기할 수 있는 사람, 여성주의 가치를 알고 동의하는 사람의 비율이 비슷해야 살림이 추구하는 가치와 조직문화를 지켜나갈 수 있을 테니까요. 물론 그것은 조직구조, 조직문화, 의사결정과 사업과정 속에 여성주의

가치가 녹아있을 때 가능하겠지요.

　그렇게 살림의 조합원들이 여성주의 가치를 견지하고 확산시켜나가서, 여자거나 혼자거나 상관없이 건강과 노후를 걱정하지 않고 살 수 있는 멋진 롤 모델이 되기를 바라요. 그 과정에서 비로소 저도 한 사람의 할머니 페미니스트 시민으로 잘 늙어갈 수 있을 거예요.

인터뷰 후기

―

재밌어야 건강하다!
관계로 둘러싸여 있을 때 건강해진다!

인터뷰를 끝낸 뒤 살림을 찬찬히 둘러보았다. 살림의원과 살림치과는 우리가 흔히 찾는 병원의 형태였지만, 운동센터 '다짐(다-Gym)'은 보통의 병원에서는 볼 수 없는 곳이라 어떻게 운영이 되는지 궁금했다.

다짐의 벽면에는 '기계가 아니라 관계로 건강해집니다'라는 문구가 붙어 있었다. 그래서인지 다짐 안에는 헬스클럽에서 볼 수 있는 러닝머신 같은 기구가 없었다. 다짐에서는 자신의 건강상태와 체력수준에 맞는 운동을 여러 사람과 함께 배우는 그룹운동 프로그램인 운동클리닉이 진행되고 있었다. 혼자서 아무 말 없이 열심히 운동하다 가는 곳이 아니라 '함께' 운동하는 곳이었다. 그래서 다짐에서는 대화가 아주 중요하단다. 대화를 통해 알게 된 서로의 정보들, 즉 '허리를 다쳤는데도 손자를 업고 다닌다'거나 '걸레질할 때도 빨래할 때도 쪼그리고 앉아 한다'거나 하는 것들을 바탕으로 그 사람에게 필요한 운동을 처방해주고 진료와 연결되도록 한다. 55세 이상 여성들을 대상으로 하는 근력

운동을 함께하는 '흰머리 휘날리며' 시간은 특히나 수다스럽고 재미나다.

　살림 공간의 한 쪽 벽면에는 '살림 조합원의 다짐'이 적혀 있었다.

내가 먼저 하자.
언제 어디서나 협동하자.
평등하고 평화로운 관계를 일구자.
서로 돌보고 돌봄 받는 좋은 이웃이 되자.
지구를 생각하며 물, 전기. 종이를 아껴 쓰자.

다짐을 둘러본 뒤 살펴본 살림의 게시판에는 조합원 소모임 정보가 빼곡이 붙어있었다. '재밌어야 건강하다'를 모토로 서로 돌보고 돕는 건강공동체가 살림에는 무척이나 많았다. 산행, 기타, 걷기, 책 읽기, 텃밭, 반찬 만들기, 공부모임, 스페인어, 일본어, 협동육아 등등. 소모임은 조합원 3인 이상만 모이면 누구나 원하는 주제로 만들어 운영할 수 있다. 또 살림에는 9개의 동모임도 있다. 살림의 조합원은 은평구 주민이 가장 많지만, 2014년 살림이 의료생협에서 의료사협으로 전환함에 따라 거주지와 상관없이 누구나 살림의 뜻에 동의하는 사람이면 조합원이 될 수 있기에 동모임에는 '기타 지역'도 있다. 한 달에 한 번씩은 신입조합원 교육인 '살림파티'가 열리고, 대청소나 소식지를 접는 일, 그

외 살림 조합활동에 필요한 일들에는 자발적인 조합원 자원활동단 '좋아랑'이 힘을 쏟고 있었다.

  살림의원과 살림치과 대기실 역시 왁자지껄했다. 살림의원에서는 내과, 소아과, 부인과, 피부과, 이비인후과 등의 진료와 건강검진이 이뤄지고 있었고, 아토피, 알레르기, 탈모, 통증, 갱년기, 비만, 금연, 인권진료 등의 클리닉도 운영되고 있다. 특히 인권진료가 눈에 띄었는데, 이름 그대로 장애, 연령, 성적지향이나 성적정체성 등으로 인해 일반 병원에서 불편을 겪거나 진료 과정에서 중요한 요인임에도 차마 밝히지 못하는 상황에 처한 사람들이 편한 마음으로 진료받고 상담할 수 있도록 마련된 클리닉이었다.

  환자의 삶에 관심을 두는 진료, 조합원들이 서로를 돌보는 건강공동체, 여성주의 의료의 실체는 이다지도 따뜻한 것이었다.

더 깊이 알기

01 생태 공동체가 도시 한복판에 나타났다

『독립하고 싶지만 고립되긴 싫어』, 홍현진·강민수 공저, 오마이북, 2016.

『자공공』, 조한혜정, 또하나의문화, 2014.

『퍼머컬처』, 데이비드 홈그렌 저, 이현숙·신보연 공역, 보림, 2014.

『작은 것이 아름답다』, E. F. 슈마허 저, 문예출판사, 2002.

02 엄마보다 마을이 아이를 잘 키운다

『공동육아, 이웃이 있는 가족 이야기』, 류경희 저, 또문소녀, 2004.

『놀면서 자라고 살면서 배우는 아이들』, 이부미 저, 또하나의문화, 2001.

『함께 크는 우리 아이』, 공동육아연구회 저, 또하나의문화, 2000.

03 서로 돌보는 마을에 살아야 건강하다

『죽음의 자율성과 생명에 대한 고찰』, 나준식 저, 《모심과살림》 7호, 2016.

04 마을에 '기술' 들어갑니다!

『화덕의 귀환』, 김성원 저, 소나무, 2011.

『시민과학자로 살다』, 다카기 진자부로 저, 김원식 역, 녹색평론사, 2011.

『3만엔 비즈니스, 적게 일하고 더 행복하기』, 후지무라 야스유키 저, 김유익 역, 북센스, 2012.

『국경 없는 과학기술자들』, 이경선 저, 뜨인돌, 2013.

『적정기술이란 무엇인가』, 김정태·홍성욱 공저, 살림출판사, 2011.

05 협동하는 일터는 즐거운 삶터가 된다
『기업은 누구의 것인가』, 김상봉 저, 꾸리에북스, 2012.
『산타와 그 적들』, 이경숙 저, 굿모닝미디어, 2013.
『몬드라곤의 기적』, 김성오 저, 역사비평사, 2012.
『호세 마리아 신부의 생각』, 호세 마리아 저, 박정훈 역, 칼폴라니사회경제연구소, 2016.

06 우리가 만나면 멋진 일들이 벌어진다
『만남의 철학』, 김상봉·고명섭 공저, 길, 2015.
『래디컬 스페이스』, 마거릿 콘 저, 장문석 역, 삼천리, 2013.
『민중의 집』, 정경섭 저, 레디앙, 2012.

07 공개하고 나눌수록 더 커지고 강해진다
『반짝반짝 바느질 회로 만들기』, 이지선 저, 한빛미디어, 2014.
『메이커운동 선언』, 마크 해치 저, 정향 역, 한빛미디어, 2014.
『메이커스』, 크리스 앤더슨 저, 윤태경 역, 알에이치코리아, 2013.
〈명견만리〉, '로봇 시대, 인간의 자리는?', 2017.4.21 방송.

08 나만 홀로 안전한 세상은 없다

『화학물질, 비밀은 위험하다』, 김신범 저, 포도밭출판사, 2017.

『모두를 위한 마을은 없다』, 하승우·김신범 등저, 삶이보이는창, 2014.

『환경정의, 니가 뭔지 알고 시퍼』, 반영운·김신범 등저, 이매진, 2014.

09 와글와글 군중의 힘으로 만들어가는 더 나은 민주주의

『듣도 보도 못한 정치』, 이진순 등저, 문학동네, 2016.

10 혼자라도, 여자라도 얼마든지 마음 편히 늙어갈 수 있다

『오빠는 필요 없다』, 전희경 저, 이매진, 2008.

『페미니스트 모먼트』, 권김현영·전희경 등저, 그린비, 2017.

『성폭력을 다시 쓴다』, 정희진·전희경 등저, 한울아카데미, 2016.

사진 제공 및 출처

01 전환마을 은평, 소란

02 공동체육아와 공동체교육, 이경란

03 민들레의료복지사회적협동조합

04 안병일

05 해피브릿지

06 민중의 집, 우리동물병원생명사회적협동조합,
    굿바이, 마포공동체경제네트워크 모아, 정경섭

07 이지선, 203쪽 www.imagethink.net

08 노동환경건강연구소, 김신범

09 와글, 이진순

10 살림의료복지사회적협동조합